MARTIN TAYLOR

CHORD**MELODY**EM**DETALHES**

Domine o Chord Melody na Guitarra Jazz com o Virtuoso Martin Taylor MBE

COM

JOSEPH**ALEXANDER**

FUNDAMENTAL**CHANGES**

Martin Taylor Chord Melody Em Detalhes

Domine o Chord Melody na Guitarra Jazz com o Virtuoso Martin Taylor MBE

ISBN: 978-1-78933-064-9

Publicado por **www.fundamental-changes.com**

Copyright © 2019 Joseph Alexander

Tradução: Daniel Bosi

www.fundamental-changes.com

Mais de 10.000 curtidas no Facebook: **FundamentalChangesInGuitar**

Instagram: **FundamentalChanges**

Para mais de 350 aulas gratuitas de guitarra com vídeos, acesse

www.fundamental-changes.com

Foto da capa: Adam Bulley

Outros Livros da Fundamental Changes

Sumário
Conteúdo

Sobre os autores

Dr. Martin Taylor MBE é um guitarrista virtuoso, compositor, educador e inovador musical.

A revista *Acoustic Guitar* o considerou "O violonista de sua geração". Chet Atkins disse que Martin é "Um dos maiores e mais impressionantes guitarristas do mundo" e Pat Metheny comentou, "Martin Taylor é um dos solistas de guitarra mais impressionantes na história do instrumento."

Amplamente considerado como o principal expoente do jazz solo e da técnica *fingerstyle* no mundo, Martin possui um estilo inimitável que lhe conferiu aclamação global de colegas músicos, fãs e críticos. Ele deslumbra o público com um estilo inconfundível que, de forma engenhosa, combina seu virtuosismo, emoção e humor com uma presença de palco forte e envolvente.

Taylor tem desfrutado de uma notável carreira musical ao longo de cinco décadas, tendo realizado mais de 100 gravações. Completamente autodidata, começando a tocar com apenas 4 anos, ele é pioneiro em uma forma única de abordar a guitarra solo de jazz, que agora será detalhada em sete estágios distintos com o intuito de ensinar o leitor.

Joseph Alexander é um dos escritores mais prolíficos de métodos atuais para ensino de guitarra. Ele vendeu mais de 300.000 livros que educaram e inspiraram uma geração de novos músicos. Seu estilo de ensino descomplicado, baseado em desconstruir as barreiras entre teoria e performance, torna a música acessível para todos.

Educado no Instituto de Guitarra de Londres e na Faculdade Leeds de Música, onde obteve seu diploma em Estudos de Jazz, Joseph ensinou milhares de estudantes e escreveu mais de 30 livros sobre guitarra e violão.

Ele é o diretor geral da *Fundamental Changes Ltd.*, uma editora cujo único propósito é criar livros de ensino de música da mais alta qualidade e pagar *royalties* excelentes para escritores e músicos.

A *Fundamental Changes* está aceitando propostas de autores e professores em potencial, para todos os instrumentos.

Introdução

Este livro aborda uma forma distinta para tocar guitarra solo, que irá estabelecer uma base além da forma tradicional de tocar *chord melody*.

A maior parte do ensino de *chord melody* é baseado nos tradicionais desenhos de acordes, que encorajam os estudantes a localizar notas de melodia dentro de posições determinadas. Mas isto imediatamente limita o guitarrista à geometria da guitarra e, na minha opinião, sufoca a expressão do músico. A abordagem de 7 passos neste livro é diferente. Notas de melodia, linhas de baixo e acordes são vistos de forma separada, como vozes independentes. "Acordes" são reduzidos aos seus componentes essenciais, permitindo uma liberdade de movimento que oferece muito mais opções musicais.

Eu descrevo a minha forma de tocar como uma abordagem *polifônica* improvisada para a guitarra. Por polifônica eu quero dizer que os três elementos de melodia, acordes e baixo operam de maneira independente. Meu objetivo é ajudá-lo a desenvolver liberdade e independência similares na guitarra, para que você desenvolva sua própria "voz" e pense fora da caixa em relação a outros guitarristas.

Este método começa do básico, iniciando com escalas simples em uma corda. Em seguida, veremos inversões simples de acordes, formas de encontrar os intervalos mais importantes, conselhos sobre *voicings*, melodias, linhas de baixo, movimentação de vozes internas e muito mais.

Começaremos de forma bastante simples, e cada passo será cumulativo, necessitando da etapa anterior para que você possa aprimorar seus arranjos. Ao longo deste livro, a ênfase está na exploração e experimentação em vez de definir regras e teoria. Os primeiros exemplos são simples, mas eles evoluem conforme o livro avança.

Com o tempo, você verá que sua abordagem na guitarra será diferente. Você irá se afastar daquilo que é convencional para desenvolver seus próprios arranjos polifônicos de jazz.

Cada exemplo/exercício é acompanhado de exemplos em áudio, que recomendo que você baixe da internet. Às vezes a música parece muito complexa no papel, mas o áudio dará vida a ela.

Obtenha o áudio em **www.fundamental-changes.com/download-audio**

Você pode também assistir a algumas demonstrações em vídeo, que lhe darão uma ideia sobre as minhas escolhas de frases e notas. Espero que sejam úteis. Estes vídeos estão disponíveis em:

https://fundamental-changes.teachable.com/p/martin-taylor-beyond-chord-melody

Acima de tudo, divirta-se e curta a música!

Martin

Obtenha o áudio

Os arquivos de áudio para este livro estão disponíveis para download gratuito no site **www.fundamental-changes.com.** O link está no canto superior direito da página. Basta selecionar o título deste livro no menu e seguir as instruções para obter o áudio.

Recomendamos que você baixe os arquivos diretamente no seu computador, não no seu tablet, e extraia os arquivos no computador antes de adicioná-los à sua biblioteca de mídia. Você pode então colocá-los no seu tablet, iPod ou gravá-los em um CD. Na página de download há um PDF de ajuda e nós também oferecemos suporte técnico pelo formulário de contato.

Kindle / Leitores de e-books

Para obter o máximo deste livro, lembre-se que **você pode dar dois toques sobre qualquer imagem para ampliá-la**. Desative a visualização em coluna (vertical) e segure seu Kindle em modo paisagem.

Para mais de 350 aulas de guitarra com vídeos acesse:

www.fundamental-changes.com

Twitter: **@guitar_joseph**

Mais de 10.000 curtidas no Facebook: **FundamentalChangesInGuitar**

Instagram: **FundamentalChanges**

Obtenha os áudios gratuitamente:

Eles dão vida ao livro e você aprenderá muito mais!

www.fundamental-changes.com/download-audio

Obtenha os vídeos!

Como um bônus especial para os compradores deste livro, Martin Taylor gravou alguns vídeos explicando elementos fundamentais de técnica que não estão disponíveis em nenhum outro lugar. Acesse este link para visualizar e baixar o conteúdo:

https://fundamental-changes.teachable.com/p/martin-taylor-beyond-chord-melody

Se você digitar o link acima em seu navegador, note que não há "www".

Você também pode ler o QR Code abaixo para ver os vídeos no seu celular:

Capítulo Um: Escalas em uma corda e Intervalos

A maioria dos guitarristas começam a aprender escalas como blocos que atravessam o braço da guitarra. Em outros livros, coloquei bastante ênfase no Sistema CAGED e na aprendizagem de escalas verticalmente em torno de desenhos de acordes. Por exemplo, aqui está a escala de G maior construída a partir de um acorde G maior com pestana:

G Major Scale

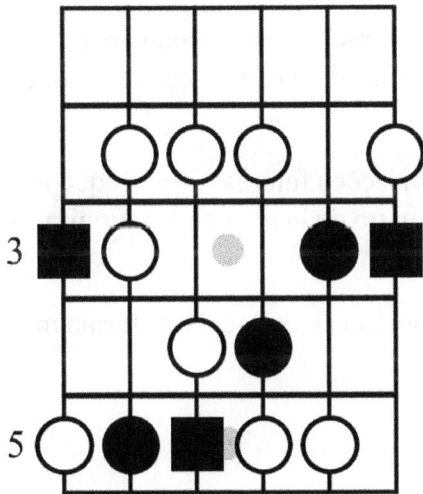

Porém, quando construímos improvisações no estilo *chord melody* é essencial aprender escalas horizontalmente ao longo do braço da guitarra. Aprender escalas ao longo de uma corda permite acesso a linhas de baixo, melodias e vozes internas de um acorde, sem ficarmos presos em desenhos de acordes tradicionais.

Quando tocamos em *chord melody*, vemos a guitarra assumindo o papel de três instrumentos:

• A linha de baixo é tocada nas duas cordas mais graves.

• As vozes de um acorde e os contrapontos são tocados nas cordas médias.

• As melodias principais são tocadas nas duas cordas mais agudas.

Evidentemente, os pontos ilustrados acima são apenas referências e alguns cruzamentos irão ocorrer. Porém, ao dividirmos mentalmente a guitarra em três seções melódicas, podemos parar de pensar no instrumento como uma voz única.

Tudo começa com escalas em uma corda nas cordas graves (que fazem os baixos). Você verá a importância desta abordagem quando construirmos improvisações polifônicas (com muitas vozes) mais tarde.

Começaremos aprendendo a escala de G maior ao longo da sexta corda (E) da guitarra.

Exemplo 1a:

Toque esta escala de forma ascendente e descendente, para memorizar seu padrão e som, usando apenas um dedo para tocar cada nota. Aprenda a escala apenas com o primeiro dedo (indicador) e, em seguida, toque-a também com o segundo e terceiro dedo (médio e anelar, respectivamente).

Esta escala na sexta corda formará a linha de baixo em todas as suas improvisações futuras. Com frequência, você precisará pressionar as notas com seu segundo, terceiro ou até mesmo quarto dedo para poder atingir tons de uma melodia ou acorde com o seu primeiro dedo.

O padrão a seguir ensina a fazer saltos melódicos nos graves e ajuda na memorização da escala de forma mais completa. Repita o exercício usando um dedo diferente em cada execução.

Exemplo 1b:

Agora, aprenda a escala de G maior na quinta corda. Lembre-se que as duas cordas mais graves são usadas para as linhas de baixo e devemos conhecê-las muito bem.

Exemplo 1c:

Repita o Exemplo 1b usando as notas de G maior na quinta corda.

Pontos de transição

É importante explorar diferentes formas de ascender e descender a escala maior, mudando de corda em diferentes pontos. O ponto no qual mudamos de corda é chamado de *transição*.

Por exemplo, podemos ascender a escala de G maior das seguintes formas:

Exemplo 1d:

Exemplo 1e:

Podemos descender a escala de G maior das seguintes formas:

Exemplo 1f:

Exemplo 1g:

Invista tempo explorando a escala de G maior e encontre quantos pontos de transição puder.

Adicionando Tons Guias

Em qualquer acordo, os intervalos da terça e da sétima são as notas mais importantes. A terça define se o acorde é maior ou menor, enquanto a sétima define se o acorde é de sétima maior, menor ou dominante.

Uma terça maior fica dois tons acima da tônica. Por exemplo, na escala de G,

G A B C D E F# G

A terça maior é a nota B.

Na guitarra, uma terça maior tem a seguinte aparência:

Major 3rd

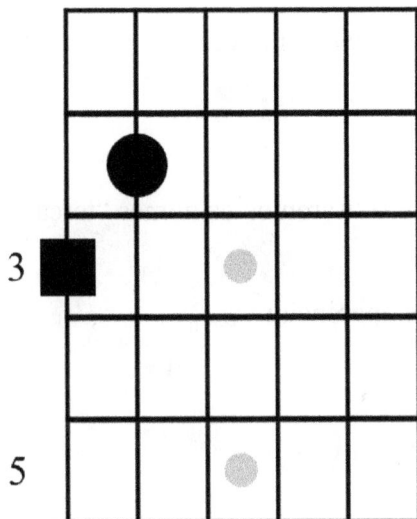

Uma terça *menor* é, de fato, menor: fica apenas um tom e meio acima da tônica.

Você pode criar uma terça menor reduzindo uma terça maior em um semitom (meio-tom). Assim, enquanto uma terça maior acima de G é B, *uma terça menor acima de G é a nota Bb.*

Uma terça menor tem essa aparência na guitarra:

Minor 3rd

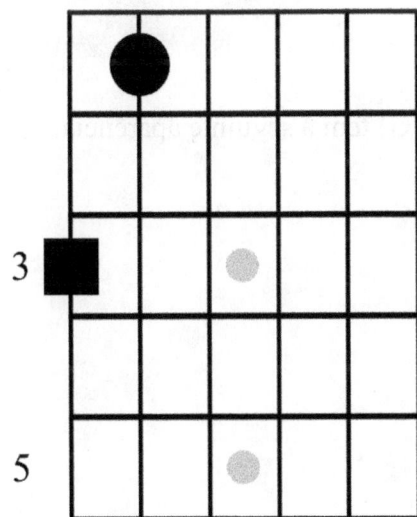

Um acorde é maior quando contém uma terça maior. Por outro lado, um acorde é menor quando contém uma terça menor.

Terças definem o tipo do acorde, mas elas não funcionam muito bem nas cordas graves. Na verdade, tocar terças nas cordas graves pode soar mal. É muito melhor transpor essas terças em uma oitava para cima e colocá-las nas cordas do meio da guitarra.

Quando uma terça é transposta para a oitava acima, ela pode ser chamada de *décima*, uma vez que se encontra dez notas acima da tônica:

G A B C D E F# G A B

Embora muitos músicos ainda a chamem de terça por simplicidade, neste livro usaremos os nomes "terça" e "décima" de forma equivalente.

Uma terça maior entre a sexta corda (E) e a terceira corda (G) tem a seguinte aparência:

Major 3rd

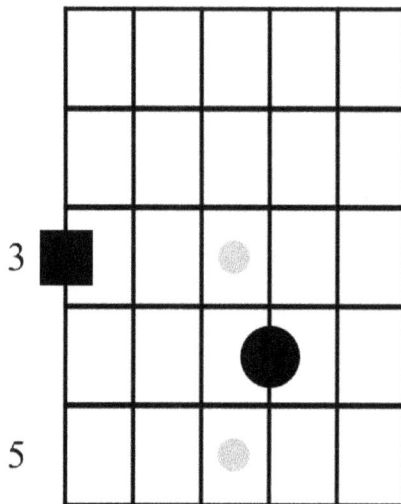

Previsivelmente, uma terça menor entre a sexta corda (E) e a terceira corda (G) tem a seguinte aparência:

Minor 3rd

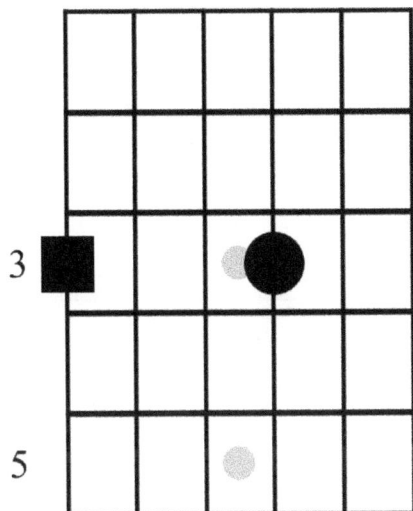

Vamos tocar pela escala de G maior, adicionando décimas na terceira corda. Perceba que algumas são maiores e outras são menores.

Exemplo 1h:

Pratique esta *escala de acordes* de forma ascendente e descendente, até você ter bom domínio sobre ela, da mesma forma como praticou as escalas em uma corda na seção anterior. Faça os próximos exercícios para ganhar intimidade com a escala de acordes.

Exemplo 1i:

GMaj   Bm   Am   CMaj   Bm   D7   CMaj   Em   D7   F#m7b5   Em   GMaj

```
T--4---7---5---9---7---11---9---12---11---14---12---16-----
A--3---7---5---8---7---10---8---12---10---14---12---15-----
B--------------------------------------------------------
```

Exemplo 1j:

GMaj   Em   F#m7b5   D7   Em   CMaj   D7   Bm   CMaj   Am   Bm   GMaj

```
T--16---12---14---11---12---9---11---7---9---5---7---4-----
A--15---12---14---10---12---8---10---7---8---5---7---3-----
B--------------------------------------------------------
```

Tendo gravado este som na sua memória, o próximo passo é experimentar. Use sua criatividade para compor melodias curtas, adicionando seus próprios saltos melódicos.

Quando você tocou os Exemplos 1h – 1j, você provavelmente posicionou seu primeiro dedo na sexta corda e usou seu terceiro dedo para tocar as notas na terceira corda. Afinal de contas, esta é a forma mais intuitiva de tocar estes intervalos.

Os exercícios a seguir estão entre os mais importantes deste livro. Eles vão libertar você dos desenhos de acordes tradicionais, além de dar inúmeras possibilidades melódicas ao braço da guitarra. Eles podem parecer estranhos em um primeiro momento, especialmente se você já tocou bastante guitarra base de jazz, acostumando-se a tocar os acordes de uma determinada forma.

Toque o Exercício 1h novamente, mas dessa vez use *apenas* o seu segundo dedo para tocar as notas graves na sexta corda. Você deve usar o terceiro ou o quarto dedo para tocar os intervalos na terceira corda.

Execute a escala de acordes de forma ascendente e descendente várias vezes, usando apenas o seu segundo dedo na sexta corda. Primeiro, use exclusivamente o terceiro dedo para fazer as notas na terceira corda. Em seguida, use apenas o quarto dedo. Isto é estranho e difícil no começo, mas você se acostumará aos poucos.

Toque os Exemplos 1i e 1j dessa forma e, em seguida, comece a adicionar seus próprios saltos melódicos.

A seguir, repita os passos acima usando o terceiro dedo na sexta corda. Você deve tocar todas as décimas na terceira corda com seu quarto dedo (mindinho).

Estes exercícios são estranhos no começo, mas a ideia é liberar os dedos da mão que pressiona as cordas no braço da guitarra, para que você possa adicionar melodias mais tarde. Trataremos disso em detalhes no Capítulo Quatro. Por hora, observe a ideia a seguir para entender que, ao usar diferentes digitações, conseguimos trazer novas possibilidades para a guitarra.

No próximo exemplo, temos um padrão melódico curto construído em torno da décima. Do início ao fim, eu pressiono a tônica com o segundo dedo e uso apenas o terceiro e o primeiro dedo na corda G.

Exemplo 1k:

Em seguida, vamos transportar estas abordagens para a escala de G maior tocada na quinta corda.

Por causa das diferenças de afinação das cordas G e B, terças maiores e menores aparentam diferenças quando tocadas entre a quinta e a segunda corda.

Os diagramas a seguir ajudarão a visualizar estes intervalos.

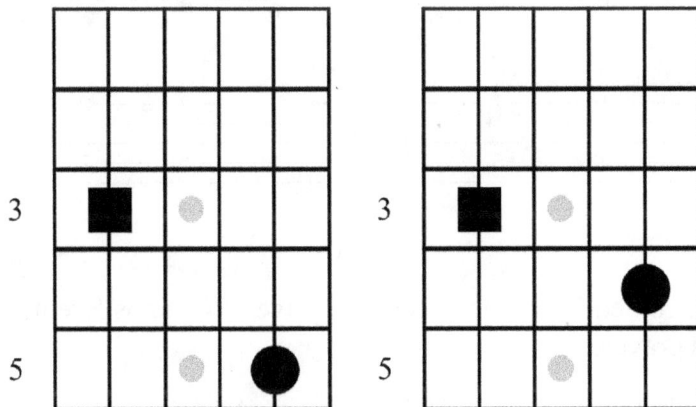

Em seguida, toque a escala de acordes de G maior, começando com a nota mais grave que você pode obter pressionando a quinta corda.

Exemplo 1l:

Novamente, pratique estes intervalos em terças para ajudá-lo a ouvir e memorizar o desenho da escala.

Exemplo 1m:

Exemplo 1n:

É essencial se libertar do uso exclusivo de seu primeiro dedo para tocar as notas graves. Toque os Exemplos 1l, 1m e 1n usando apenas o segundo dedo nas notas graves.

É bem difícil usar o terceiro dedo nas notas graves e ainda pressionar a décima com eficácia – eu evitaria isso por hora. Entretanto, com o segundo dedo na nota grave, experimente com qual dedo você usa para tocar a décima. O terceiro e o quarto dedo devem estar disponíveis.

Conforme mencionado, veremos no Capítulo Quatro como adicionar melodias. Por hora, veja de quantas maneiras você consegue pressionar as cordas no exemplo seguinte, que incorpora um movimento simples na corda B. Use o segundo dedo para pressionar as notas graves.

Exemplo 1o:

Pratique a ideia anterior descendente e tente criar suas próprias melodias.

Pontos de transição com décimas

Assim como aprendemos transição com escalas em uma corda, devemos praticar a transição usando tônicas e terças através das cordas. Se você praticou cuidadosamente antes, os exercícios a seguir não devem ser muito difíceis. É fundamental explorar a guitarra, encontrando todos os pontos de transição possíveis e experimentando com qual dedo você toca a nota grave.

Exemplo 1p:

Exemplo 1q:

GMaj   Am   Bm   CMaj   D7   Em   F#m7b5   GMaj

```
T|-----------------------------|--7----8----10---12------|------------------|
A|---4----5----7----9----------|--5----7----9----10------|------------------|
B|---3----5----7----8----------|-------------------------|------------------|
```

Tente os dois exemplos anteriores, de forma ascendente e descendente. Toque-os inicialmente com o primeiro dedo nos baixos. Depois, use o segundo dedo e, em seguida, toque com o terceiro dedo onde puder na sexta corda.

Estenda estes exemplos e encontre seus próprios pontos de transição, ou adicione um simples ornamento na décima, conforme ilustrado no Exemplo 1o. Mover estes ornamentos pelas cordas pode requerer um cuidadoso planejamento da sua digitação, mas isso se tornará mais intuitivo com o tempo.

Invista tempo para alcançar transições suaves e melódicas entre as cordas. Isto é fundamental para tocar guitarra de forma polifônica.

Adicionando sétimas

Discutimos anteriormente que a próxima nota mais importante em qualquer acorde é a sétima. Ela define se um acorde é de sétima maior, menor ou dominante. A teoria pode ser complexa, mas a tabela abaixo mostra como terças e sétimas se combinam para formar diferentes tipos de acordes de sétima.

Tipo de acorde	Tônica	Terça	Quinta	Sétima
7ª maior	1	3	5	7
7ª	1	3	5	7
7ª menor	1	b3	5	b7
7ª meio diminuto (m7b5)	1	b3	b5	b7

• Acordes de sétima maior contém sétimas maiores

• Acordes de sétima menor e sétima dominante contém sétimas menores

Assim como temos intervalos de terças maiores e menores, temos intervalos de sétimas maiores e menores. Uma sétima maior está sete passos acima (ou um semitom abaixo) da tônica. A sétima maior de G maior é a nota F#:

G A B C D E F# (G)

Major 7th

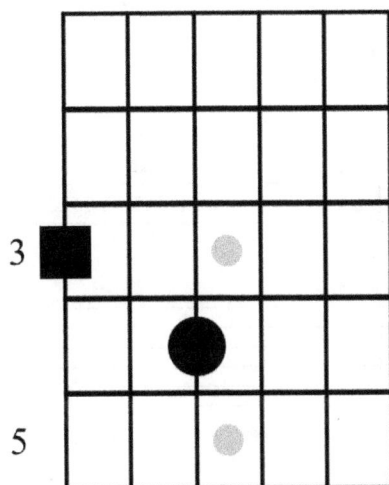

Uma sétima menor é apenas uma sétima maior que foi reduzida em um semitom (assim como uma terça menor é uma terça maior reduzida em um semitom). Uma sétima menor está sempre um tom abaixo da tônica.

G A B C D E F (G)

Minor (or 'b') 7

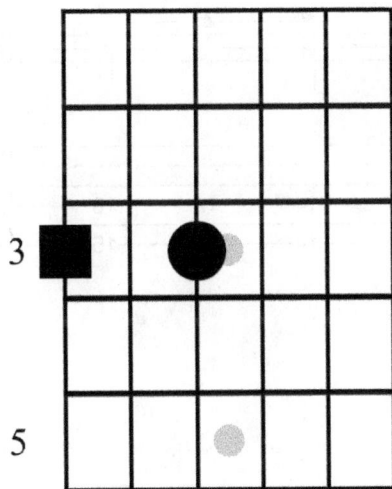

Compare os dois diagramas anteriores e certifique-se que você entende a diferença entre sétimas maiores e menores.

(N.B. Músicos de jazz, normalmente, não falam "sétima menor". Nós dizemos b7. Geralmente chamamos a sétima maior de sétima "natural", ou apenas a "sétima")

Tocar na escala de acordes com apenas tônicas e sétimas soa incomum. Elas não são ricas como as terças, mas compõem parte essencial dos *voicings* nas cordas médias e fazem a diferença quando combinadas com décimas e movimentos melódicos. Por hora, peço que você confie em mim e aprenda a escala de acordes com sétima de G maior:

Exemplo 1r:

Pratique esta escala de acordes até ter bom domínio sobre ela, de forma ascendente e descendente, assim como você fez antes com tônicas e décimas. Faça os próximos exercícios para ajudá-lo a ganhar intimidade com a escala de acordes.

Exemplo 1s:

Exemplo 1t:

Pratique os três exercícios anteriores usando um dedo diferente para pressionar a nota grave na sexta corda.

Em seguida, toque a escala de acordes com sétima de G maior nas cordas cinco e três. Perceba que os desenhos dos intervalos permanecem os mesmos da sexta corda.

Exemplo 1u:

```
TAB
--2----4----5----7----|--7-----11----12----14----|----------------
--2----3----5----7----|--9-----10----12----14----|----------------
```

Novamente, pratique saltos de intervalos de uma terça para ajudá-lo a ouvir e memorizar este desenho de escala.

Exemplo 1v:

```
TAB
--2----5----4----7----|-5-----9-----7-----11----|-9-----12----11----14----
--2----5----3----7----|-5-----9-----7-----10----|-9-----12----10----14----
```

Exemplo 1w:

```
TAB
--14----11----12----9----|-11-----7-----9-----5----|-7-----4-----5-----2----
--14----10----12----9----|-10-----7-----9-----5----|-7-----3-----5-----2----
```

Mais uma vez, faço questão de ressaltar que é importantíssimo praticar com dedos diferentes nas notas graves. Experimente tocar estes exercícios usando *apenas* o primeiro dedo para tocar os baixos. Depois, toque os baixos *apenas* com o segundo dedo por alguns dias. Ao tocar sétimas, você pode usar o terceiro dedo para tocar as notas graves sem muita dificuldade.

Passe alguns dias experimentando com diferentes digitações para descobrir o quanto você consegue liberar os dedos disponíveis na mão que pressiona as cordas.

Agora que você sabe a escala de acordes com sétima de G maior nas cordas cinco e seis, encontre todos os pontos de transição que você puder – ascendendo e descendendo na escala. Quanto mais você explorar esta ideia, melhor. Perceba que novas possibilidades se abrem para o braço da guitarra, e você ganha mais liberdade.

Gradualmente, comece a adicionar melodias simples para ornamentar a sétima enquanto você toca pela escala de acordes. Aqui está um exemplo:

Exemplo 1x:

Há pontos onde você pode mudar de acorde *de forma cromática*. Isto funciona especialmente bem com a tônica e a décima, mas você também pode tentar com a tônica e a sétima. Aqui estão dois pontos na escala onde você pode mudar entre acordes menores enquanto se move em semitons.

Exemplo 1y:

Exemplo 1z:

Este foi um longo capítulo, mas aqui está a base para desenvolver um estilo verdadeiramente polifônico de *chord melody*. Aprender a reposicionar os dedos ao tocar um acorde e, ao mesmo tempo, diminuir a quantidade de dedos aos seus constituintes essenciais, permite acesso a melodias incríveis e técnicas sofisticadas.

Capítulo Dois: Movimento com Terças e Sétimas

Neste capítulo, vamos nos libertar dos desenhos tradicionais de acordes. É como um *passeio no espaço*: ainda estamos conectados à nave espacial (a escala), mas podemos explorar o universo.

Décimas na Sexta Corda

Continuaremos tocando a escala de acordes com décima de G maior, mas olhando em detalhes como podemos adicionar movimento na décima.

Não se preocupe muito com a digitação nos exemplos a seguir. Apenas adote o que funcionar. Porém, será muito benéfico tocar esses exemplos usando um dedo diferente para tocar a nota grave (tônica). O importante é que você se sinta confortável e consiga controlar as notas na voz aguda.

Vamos começar a tocar a escala de acordes de G maior com a tônica na sexta corda (E). A décima é tocada na terceira corda (G). Veja abaixo uma ideia ascendente que adiciona ornamentos simples na décima.

Exemplo 2a:

GMaj7 Am7 Bm7 CMaj7 D7 Em7 F#m7b5 GMaj7

```
T|---4--2--5--4--7--5--9--7---11--9--12--11--14--12--16--14---( )---|
A|---3-----5-----7-----8------10-----12------14------15-------------|
B|-----------------------------------------------------------------|
```

Toque esta ideia também de forma descendente.

Exemplo 2b:

GMaj7 Am7 Bm7 CMaj7 D7 Em7 F#m7b5 GMaj7

```
T|---4--0--5--2--7--4--9--5---11--7--12--9--14--11--16--14---( )---|
A|---3-----5-----7-----8------10-----12-----14------15------------|
B|----------------------------------------------------------------|
```

Observe esta outra ideia ascendente que adiciona uma melodia simples, avançando por notas adjacentes na décima:

Exemplo 2c:

Agora, toque-a descendo pelo braço da guitarra.

Exemplo 2d:

A ideia a seguir é mais sofisticada.

Exemplo 2e:

Aconselho que você explore quantas possibilidades puder encontrar com esse tipo de movimento na décima. Se você usar um dedo diferente na sexta corda, será capaz de acessar diferentes ideias melódicas. Por exemplo, você pode estender o ornamento da décima para a corda B:

Exemplo 2f:

Você também pode usar a corda D, como no exemplo a seguir.

Exemplo 2g:

Também é possível combinar as duas ideias em linhas mais longas.

Exemplo 2h:

Ideias melódicas que atravessam as cordas podem ser desafiadoras de tocar. É seu trabalho encontrar uma digitação que funcione. Pratique estes conceitos, ascendendo e descendendo pelo braço da guitarra.

Se você sentir dificuldade em ser criativo com suas melodias, pense no ritmo. Tocar uma frase similar, com apenas uma nota que soa por mais tempo, pode levá-lo a um lugar melódico completamente diferente. Perceba a diferença que uma pequena alteração de ritmo faz nas próximas ideias.

Exemplo 2i:

Exemplo 2j:

Até agora, cada mudança de acorde se moveu pela escala por notas adjacentes. Você também pode mover o acorde em terças ou tocar uma simples progressão de acordes.

O exemplo a seguir move os acordes em terças.

Exemplo 2k:

Não se esqueça de experimentar e se divertir!

Décimas na Quinta Corda

Vamos transferir todos os exercícios anteriores (e suas próprias explorações melódicas) para a quinta corda (A). No capítulo anterior, aprendemos a escala de G maior na quinta corda, portanto não deve ser muito difícil usar seu ouvido para traduzir as melodias e conceitos ao longo de uma corda.

Os exemplos a seguir mostram como tocar as primeiras ideias deste capítulo, com a tônica sendo executada na quinta corda.

Exemplo 2m:

```
T  --3--1--5--3--7--5--8--7---10---------12--10--13--12--15--13---( )-
A  ----------------------------------12-------------------------------
B  --2-----3-----5-----7-------9---------10----------12--------14-----
```

Exemplo 2n:

```
T  --3-----5-----7-----8------10---------12---------13----------15------( )-
A  -----4-----5-----7-----9--------11---------12---------14--------16-------
B  --2-----3-----5-----7------9----------10---------12----------14---------
```

Não se esqueça que você pode estender as melodias para as cordas mais agudas e mais graves.

Exemplo 2o:

```
T  -----0--2--3------5------5--7------7--8--------10-------10--12------12--14------14--15-
A  --3----------5--7--8--7--8----8--10----10--12--13----12--13----13--15----15--17-------
B  --2--------3--------5--------7--------9----------10--------12----------14-------------
```

Exemplo 2p:

Trabalhe nos exemplos acima e invista tempo experimentando com ritmo e melodia. Lembre-se de tentar suas ideias melódicas sobre sequências simples de acordes, ou usando saltos que seguem intervalos nos baixos.

Quando você dominar estas ideias na quinta corda, examinaremos alguns pontos de transição para que você evite saltos grandes no braço da guitarra.

Transições

Assim como as escalas do capítulo anterior, é importante explorar pontos de transição entre a sexta e a quinta corda com décimas. O objetivo é aprender a fazer essas mudanças ao longo das cordas quando quisermos, sem perder o ritmo ou fluxo da melodia. Isto nos permite manter os *voicings* dos acordes mais próximos (se desejarmos) e dá mais controle para a execução.

Há uma grande diferença no tom de uma melodia tocada na segunda corda e na terceira corda, especialmente se você está usando uma guitarra de jazz com uma corda G (terceira) enrolada. Aprender a fazer transição entre cordas permite que você possa controlar o tom e o ritmo com muito mais precisão. Ouça os arquivos de áudio. Você perceberá uma mudança distinta de tonalidade quando eu mudo de corda.

Não há certo e errado no posicionamento de melodias – é uma questão de gosto pessoal. A única ressalva é não esquecer que você está tentando comunicar a melodia aos seus ouvintes, então ela deve se destacar nos seus arranjos. Ao construir fluência e controle, ganhamos mais comando sobre como a nossa música soa – e isso é muito bom!

Os exercícios a seguir mostram diferentes formas de fazer transição de uma melodia simples de décimas ao longo das cordas. Cada transição ocorre em diferentes pontos. Trate estes exercícios como um ponto de partida e explore quantas transições puder encontrar.

Exemplo 2q:

GMaj7   Am7   Bm7   CMaj7   D7   Em7   GMaj7

```
                                                              7
        5—3—5—6—7—5—7——8—7—8—10—12
4—2—3—4—5—4—5—6—7—5—7—8
                    3      4—5        7      10
3          5          7
```

Exemplo 2r:

GMaj7   Am7   Bm7   CMaj7   D7   Em7   GMaj7

```
                                                   7
                              7—5—7——8—7—8—10—12
4—2—3—4—5—4—5—6—7—5—6—7—9—7—9—10
                              5        7      9—10
3          5          7          8
```

Exemplo 2s:

```
                        3—5—3—7—5——10——12—10—13      17——17—16—15
4—5—4—2        5      5—7    11        14—12—14    16
        2          5          9        12          15        14
3
```

Tente usar os seguintes movimentos de tônica para explorar transições, mantendo um padrão melódico suave e consistente na décima.

Exemplo 2t:

GMaj7   Em7   Am7   D7

GMaj9   E7   Am7   D7

Bm7   E7   Am7   D7

F7   Bb7   Eb7   Ab7

Movimento com Sétimas

Chegou a hora de aplicarmos tudo que foi discutido neste capítulo para *voicings* de tônica e sétima. Você deve lembrar que as sétimas produzem um som "mal resolvido", mas quando adicionamos melodia elas se tornam muito mais interessantes.

Trabalhe novamente nos Exercícios 2a até o 2t, desta vez aplicando cada padrão melódico no intervalo da tônica e sétima, em vez da tônica e décima.

Você tocaria o Exemplo 2a da seguinte forma:

Toque pela escala de acordes com tônicas na sexta e na quinta corda, explorando ao máximo os pontos de transição. Você pode levar alguns dias ou semanas para assimilar as informações deste capítulo, mas quanto mais confortável e proficiente você se tornar, melhor.

C Major 7ths and 10ths

Trabalhe com outros tons, como Bb, D e A, quando puder.

Capítulo Três: Combinando Décimas, Sétimas e Movimento nos Baixos

Antes de olharmos para a combinação de movimentos de décimas e sétimas, examinaremos como adicionar movimento à tônica de cada intervalo e começar a mesclar estes movimentos ao longo das duas vozes.

Vamos começar com um simples movimento adicionado à tônica enquanto ascendemos a escala de G maior com décimas. Pense cuidadosamente em como você pode estruturar sua digitação nos exemplos a seguir, para atingir cada nota fluentemente. Alguns destes movimentos de baixo podem ser um pequeno alongamento em primeiro lugar.

Exemplo 3a:

Agora, toque a mesma ideia de forma descendente.

Exemplo 3b:

Vamos adicionar um pouco mais de movimento nas notas graves. Você pode acabar se sentindo obrigado a deslizar para a nota mais aguda em cada movimento, soltando a décima. Se isso acontecer, tudo bem.

Exemplo 3c:

GMaj7   Am7   Bm7   CMaj7   D7   Em7   F#m7b5   GMaj7

```
T|----4---------5-----|----7---------9-----|---11--------12-----|----14--------16-----|
A|--3-0-2-3-5-2-3-5---|--7-3-5-7-8-5-7-8---|-10-7-8-10-12-8-10-12-|-14-10-12-14-15------|
B|                    |                    |                    |                     |
```

Em seguida, toque uma ideia similar e descendente.

Exemplo 3d:

GMaj7   F#m7b5   Em7   D7   CMaj7   Bm7   Am7   GMaj7

```
T|---14--------14-----|---12--------11-----|----9---------7-----|----5---------4-----|
A|-15-14-17-15-14-12-15-14-|-12-10-14-12-10-8-12-10-|-8-7-10-8-7-5-8-7-|-5-3-7-5-3------|
B|                    |                    |                    |                     |
```

Invista tempo para explorar movimentações nos baixos (nas cordas graves) com décimas.

Os exemplos anteriores mostram como usar passos da escala diatônica para criar movimentos em torno das tônicas. Entretanto, também é comum usar notas cromáticas para transitar entre passos da escala e ornamentar os baixos.

Os dois exemplos a seguir ensinarão formas de usar as notas cromáticas, e você deve usá-los como ponto de partida para suas explorações.

Exemplo 3e:

GMaj7   Am7   Bm7   CMaj7   D7   Em7   F#m7b5 GMaj7

```
T|---4-------------5---------7---------9---------11--------12--------14---16---
A|-3-2-3-4-5-3-5-6---7-5-6-7-8-7-8-9--10-8-10-11-12-10-12-13-14---15---
B|
```

Exemplo 3f:

GMaj7   Am7   Bm7   CMaj7   D7   Em7   F#m7b5 GMaj7

```
T|---4-------------5---------7---------9---------11--------12--------14---16---
A|-3-7-6-4-5-8-7-6---7-10-9-7-8-12-11-9-10-14-13-11-12-15-14-13-14---15---
B|
```

Quando você se sentir confortável em adicionar movimento às notas graves na sexta corda, repita os seis exercícios anteriores com as tônicas na quinta corda.

O exercício a seguir é um bom começo.

Exemplo 3g:

```
T|---1-------------3---------5---------7---------8----------10--------12---
A|-0-3-0-1-2-5-4-2---3-7-6-4-5-9-8-6--7-10-9-8-9-12-11-9---10---
B|
```

Novamente, invista tempo para explorar suas próprias variações.

Por fim, comece a investigar pontos de transição entre a sexta e a quinta corda. Use os exercícios do Capítulo Dois para ajudá-lo. Um exercício útil é tomar um movimento consistente de baixo através da transição. Mantenha o movimento, padrão e ritmo constantes enquanto você aprende a mudar de corda. Esta é uma boa forma de aprender controle antes de criar suas próprias melodias. O padrão a seguir é um bom ponto de partida:

Exemplo 3h:

Invista o tempo necessário para explorar estas ideias.

Quando começamos esta jornada, detalhamos nossa abordagem como um esqueleto que incluía apenas os constituintes básicos de um acorde: a tônica com a décima e a tônica com a sétima.

Quando combinamos a tônica, a décima e a sétima em um *voicing*, voltamos para os desenhos de acordes em blocos que você já deve conhecer, e que são comumente usados no jazz. Entretanto, agora você tem muito mais *insight* sobre o funcionamento de cada nota no acorde como uma voz individual, sendo capaz de adicionar movimento musical para cada uma.

Voltar a estes acordes em blocos é apenas um passo momentâneo na nossa jornada para a liberdade criativa.

A seguir, temos uma escala de acordes de G maior, tocada na sexta corda com décimas e sétimas. Tente pressionar estes *voicings* usando o segundo dedo na sexta corda.

Exemplo 3i:

Aqui está a escala de acordes ascendendo a quinta corda.

Exemplo 3j:

Certifique-se de que você se sente confortável com estes desenhos em ambas as cordas e, mais uma vez, veja de quantas formas você consegue fazer as transições entre as cordas. Se você fez a sua lição de casa no capítulo anterior, esta tarefa deve ser relativamente fácil.

Vamos começar adicionando movimento nas décimas em cada um desses *voicings*. Novamente, você pode começar com seu segundo dedo nas notas tônicas.

Exemplo 3k:

Exemplo 3l:

Agora, aplique estas ideias à quinta corda. Aqui estão alguns novos movimentos para a décima.

Exemplo 3m:

```
T  |--1--0--3--1--5--3--7--5--|--8---7--10--8--12--10--13--12--|--------|
A  |--0-----2-----4-----5-----|--7------9------11------12------|        |
B  |--0-----2-----3-----5-----|--7------9------10------12------|        |
```

Exemplo 3n:

```
T  |--1-----3--------5-----7-----|--8--------10-------|--12-----------12--|
A  |--0-----2--------4-----5-----|--7---------9-------|--11-----------11--|
B  |--0-----0--2-----0--2--3--0--2--3--5--2--3--5--|--7--3--5--7--9--5--7--9--|--10--7--9--10--10--|
         2--3-----3
```

Agora, encontre alguns pontos de transição entre as cordas.

Estes *voicings* podem parecer incomuns e desconfortáveis em um primeiro momento. Eles podem até mesmo ir contra o que você pensava que sabia sobre digitação correta de desenhos de acordes. Entretanto, assim como todos aqueles acordes de jazz que você já conhece se tornaram instintivos, estas digitações também se tornarão. Na realidade, você perceberá rapidamente que tem muito mais opções e liberdade para *voicings* de acordes e improvisações do que antes.

Você deve lembrar, do capítulo anterior, que *voicings* de tônica com sétima soam um tanto estranho. O que descobriremos agora é que quando adicionamos a décima, com algum movimento, tudo começa a soar melhor. A décima dá suporte à sétima, permitindo à música carregar este intervalo ligeiramente dissonante.

Experimente adicionar movimento à sétima. Você pode perceber que, ocasionalmente, precisa levantar seu dedo da tônica ou décima para tocar o que você ouve.

Exemplo 3o:

Exemplo 3p:

Exemplo 3q:

Agora é hora de abandonar as restrições! Os exemplos a seguir combinam movimentos com sétimas e décimas. Não se preocupe com ritmo, apenas explore a guitarra e perceba como diferentes digitações mudam a sonoridade.

Exemplo 3r:

Exemplo 3s:

Por fim, vamos novamente adicionar movimento na tônica, de tal forma que seja possível criar melodias em qualquer uma das três vozes independentes.

Exemplo 3t:

Cabe a você decidir o quão musical este processo será. Eu ofereci alguns materiais e formas de experimentar, mas você pode ser tão criativo quanto quiser! Tente se libertar de padrões fixos, criando movimentos e melodias que são diferentes em cada nota.

Os exercícios deste capítulo estão baseados em passos de escala. Você também pode tentá-los com alguma sequência de acordes familiar ou em torno do círculo de quintas.

Aprenda a tocar todas as ideias deste livro em *todos* os tons. Quando você estiver confortável com o tom de G maior, tente C maior e, então, E maior. Encontre todos os pontos de transição que puder e tente encontrar *voicings* com a tônica na quarta corda (D).

Mesmo que você trabalhe apenas com alguns novos centros tonais, possibilidades se abrirão para o braço da guitarra de formas que você nunca considerou serem possíveis. Aproveite tudo isso, reservando algum tempo todos os dias para conhecer bem sua guitarra!

Capítulo Quatro: Adicionando Melodias a Sétimas e Décimas

Chegou a hora de sermos criativos e nos divertirmos com a melodia!

No capítulo anterior, aprendemos a ornamentar décimas, sétimas e tônicas com padrões enquanto nos movemos em passos de escala. Agora é a hora de se afastar de passos de escala e pensar em adicionar melodia sobre movimentos de acordes.

Para começar, vamos trabalhar com uma sequência comum de acordes de jazz.

iii vi ii V I (Diatônica) em G

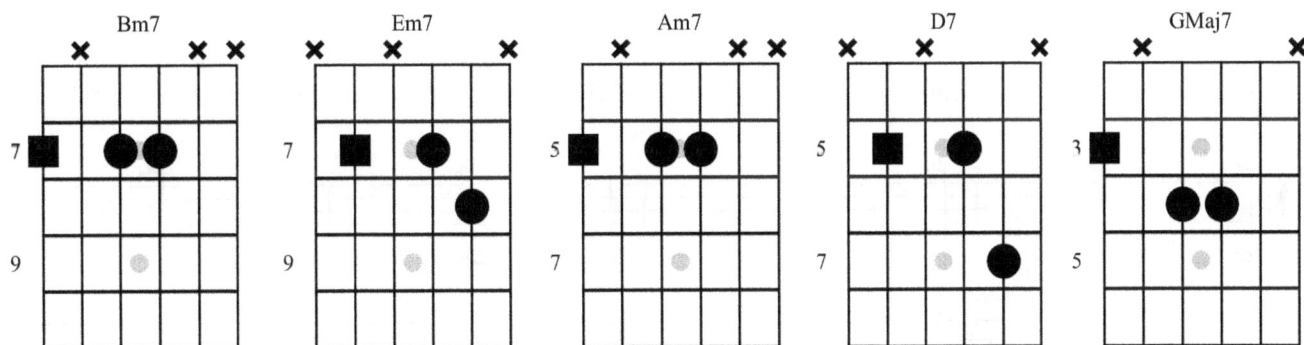

O primeiro passo é adicionar melodia sobre os *voicings* da tônica, décima e sétima dos acordes acima.

É importante saber que as melodias a seguir foram *improvisadas* antes de serem transcritas. Assim como todos os exemplos deste livro, a intenção é que elas sejam um ponto de partida para sua própria exploração da guitarra. Criar melodias improvisadas pode ser um desafio em um primeiro momento, por isso estou dando algumas ideias iniciais. Entretanto, em pouco tempo, você começará a encontrar suas próprias melodias, simplesmente explorando as notas que estão disponíveis em torno de cada acorde e tentando ideias diferentes.

Ensino todos os meus alunos a *internalizarem* a música. Em outras palavras: ouvir uma ideia na sua cabeça e então transferi-la para a guitarra. Frequentemente, cantar as ideias em voz alta pode ajudar. Isto quase sempre ajuda a expressar ideias mais musicais, além de ser outra forma na qual você pode ficar mais confortável em romper com padrões.

Também é importante ressaltar que não existe digitação "correta" para tocar os exemplos apresentados neste livro. Com frequência, a escolha da digitação é governada pela nota alvo da melodia. Todas as melodias possuem algumas notas fortes (em geral um tom de acorde) e algumas notas suporte, que decoram estes alvos. Notas alvo são como grupos de ilhas em um oceano de melodias! Se eu sei que preciso usar um dedo em particular para chegar a uma ilha daqui a algumas notas de distância, eu inconscientemente irei organizar a digitação de outras notas melódicas em torno disso.

Quando comecei a tocar neste estilo, precisei praticar lentamente para aprender quais dedos utilizar. Eu descobri como ouvir as melodias dentro da minha cabeça, traduzir para a guitarra e, então, organizar meus dedos de acordo.

Com frequência, minha escolha de digitação é ditada pelo *próximo voicing* de acorde que eu vou tocar. Sabendo que um determinado dedo é usado em um tom de acorde específico, posso rapidamente trabalhar a minha melodia improvisada em torno dele. Com a prática atingimos a perfeição, e você ficará muito mais rápido nesse processo, até o momento em que ele se tornará inconsciente. No fim das contas, você simplesmente precisa olhar na frente o que será tocado daqui a algumas batidas de tempo.

Conforme suas habilidades se desenvolvem, você começará a sentir onde as notas alvo estão e como cada dedo precisa ser utilizado. As notas que *suportam* esta nota alvo podem ser digitadas de qualquer forma que permita a você acessá-las com facilidade.

O primeiro exemplo mostra como eu posso adicionar uma melodia improvisada na sequência de acordes acima. Note que eu apenas estou tocando a tônica e a melodia. A melodia é tocada somente nas duas primeiras cordas.

Exemplo 4a:

Vamos adicionar a terça novamente, tocando a mesma melodia.

Exemplo 4b:

Agora, mantenha a melodia do topo e adicione ornamentos na terça. Perceba que a parte baseada em torno da terça se encaixa perfeitamente com a melodia que está sendo tocada nas cordas de cima. Crucialmente, a melodia do topo ainda é ouvida como a parte mais importante. Inclusive, eu tirei as notas graves para deixar a melodia respirar.

Exemplo 4c:

Agora, reintroduza os baixos e adicione ornamentos.

Exemplo 4d:

Bm7   Em7   Am7   D7

A seguir, vamos combinar outros movimentos com o movimento dos baixos.

Exemplo 4e:

Bm7   Em7   Am7   D7

Nós podemos reintroduzir a sétima e adicionar movimento.

Exemplo 4f:

Por fim, vamos combinar aspectos das três partes.

Exemplo 4g:

Invista quanto tempo você puder para encontrar novas formas de tocar esta sequência de acordes, usando a mesma melodia. Você pode decidir ornamentar a terça no primeiro compasso, a tônica no segundo compasso e a sétima no terceiro compasso. Na próxima execução, você pode variar a tônica no primeiro compasso, e a sétima no segundo compasso. Explore à vontade, pois há infinitas permutações – apenas seja organizado na sua abordagem.

Neste momento, quero que você solte a criatividade e encontre novas melodias a partir da sequência de acordes anterior. Comece apenas com a tônica e a melodia. Introduza respectivamente a terça, os ornamentos, as sétimas, os ornamentos das sétimas e, finalmente, combine tudo em uma pequena peça musical. Lembre-se: você não precisa tocar tudo de uma vez e é perfeitamente normal soltar os baixos enquanto você foca em outras partes.

Qualquer que seja o estilo de música que tocamos, existem certas sequências de acordes que aparecem o tempo todo. É importante se familiarizar com estas sequências e aprender a adicionar melodia e movimento, com o objetivo de treinar seu ouvido a ouvir possibilidades.

A seguir, veja uma sequência comum de acordes para explorar.

GMaj7   E7   A7   D7

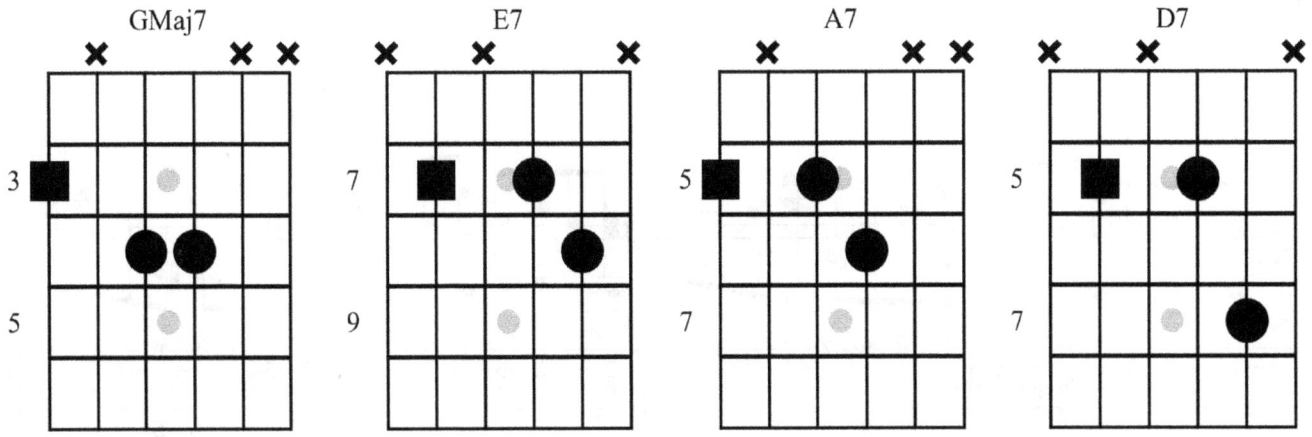

Veja abaixo uma melodia que você pode usar como ponto de partida.

Exemplo 4h:

GMaj7   E7   Am7   D7

E aqui está uma proposta para ornamentar as décimas.

Exemplo 4i:

GMaj7   E7   A7   D7

Agora, tente adicionar movimento à tônica.

Exemplo 4j:

Repita os passos dos Exemplos 4a – 4g para adicionar suas próprias variações na décima, na tônica ou na sétima, antes de combiná-las. Veja abaixo mais dois exemplos com melodias improvisadas. Repita os passos 4a – 4g em cada um deles.

Exemplo 4k:

Exemplo 4l:

As ideias anteriores são pontos de partida para as suas próprias explorações. Elas não foram construídas para serem obras-primas, servindo apenas para fazer você pensar no braço da guitarra de forma diferente. Tente tocar os acordes em diferentes cordas e diferentes tons.

Enquanto explora estes conceitos, mantenha a simplicidade – não há motivo para complicar as coisas neste estágio. Você está construindo a fundação da sua futura forma de tocar.

Capítulo Cinco: Escalas Menores

Até agora, trabalhamos exclusivamente com a escala maior. Embora a escala maior seja uma parte importante da música, certamente não é tudo que existe e precisamos dar uma breve olhada em escalas menores antes de seguir em frente.

Existem três tipos de escalas menores tradicionais (se ignorarmos certas escalas menores, tais como as escalas dos modos dórico e frígio). Estas três escalas menores formam, junto com a escala maior, a espinha dorsal da música ocidental há mais de oitocentos anos.

Escalas Menores Naturais

Vamos começar com a escala *Menor Natural*. Esta escala se chamava modo eólio. Ela tem um estilo levemente espanhol.

Se a escala maior tem a fórmula 1 2 3 4 5 6 7

A escala Menor Natural tem a fórmula 1 2 b3 4 5 b6 b7

Se tomarmos como tônica a nota G, a fórmula cria as seguintes notas:

G A Bb C D Eb F G

Estas notas podem ser tocadas da seguinte forma na sexta corda.

Exemplo 5a:

Escalas Menores Harmônicas

A próxima escala que abordaremos é a escala *Menor Harmônica*. A fórmula para uma escala menor harmônica é

1 2 b3 4 5 b6 7

Tomando a nota G como tônica, a fórmula cria a seguinte escala:

G A Bb C D Eb F#

Estas notas podem ser tocadas da seguinte forma na sexta corda.

Exemplo 5b:

Escala Menor Melódica (Escala Menor de Jazz)

Por fim, temos a escala *Menor Melódica*. A escala Menor Melódica é um pouco esquisita, pois ela é frequentemente tocada de formas diferentes, dependendo se for ascendente ou descendente. Quando ascendente, a escala Menor Melódica é como uma escala maior com uma terça reduzida. A fórmula é:

1 2 b3 4 5 6 7

Resultando nas notas

G A Bb C D E F#

Exemplo 5d:

Quando descendente, a escala Menor Melódica é tocada como a escala Menor Natural.

b7 b6 5 4 b3 2 1

Resultando nas seguintes notas

G F Eb D C Bb A

Exemplo 5e:

A escala Menor Melódica completa (ascendente e descendente) tem a seguinte sonoridade:

Exemplo 5f:

Entretanto, muitos músicos de jazz ignoram a forma ascendente da escala Menor Melódica, e simplesmente ascendem e descendem a escala Menor Melódica na forma *ascendente* (1 2 b3 4 5 6 7). Esta escala é comumente chamada de "Escala Menor de Jazz".

Exemplo 5g:

Escalas Menores Relativas

Todas as escalas maiores têm uma escala *Menor Relativa* que compartilha a mesma armadura. A escala Menor Relativa sempre começa a seis notas (de escala) acima da tônica da escala maior.

Por exemplo, na escala de G maior teremos as notas

G A B C D E F# G

A escala Menor Relativa começa na sexta nota, E.

O menor *relativo* em relação a G maior é E menor.

A escala *Menor Natural* de E contém exatamente as mesmas notas de G maior, apenas começando na nota E:

E F# G A B C D E

Entretanto, podemos usar qualquer uma das escalas deste capítulo como uma Menor Relativa. Assim, as escalas de:

- E Menor Natural

- E Menor Melódica

- E Menor Harmônica

São todas tratadas como escalas menores *relativas* de G maior.

Teste-se.

Qual é a Menor Relativa de C maior?

Escala de C maior: C D E F G A B C.

Note que a sexta nota é A, então A menor é a menor relativa de C maior.

A escala Menor Natural de A contém as mesmas notas que C maior:

A B C D E F G A (Fórmula: 1 2 b3 4 5 b6 b7)

A escala Menor Melódica de A ascendente tem a fórmula 1 2 b3 4 5 6 7, resultando nas notas

A B C D E F# G# A

A escala Menor Harmônica de A tem a fórmula 1 2 b3 4 5 b6 7, resultando nas notas

A B C D E F G# A

Todas as técnicas estudadas nos capítulos anteriores podem ser aplicadas a cada uma destas escalas menores. Eu fortemente recomendo explorar cada exercício da Parte Um com escalas menores, como um projeto paralelo produtivo. Comece com a escala menor no tom A e então investigue as escalas Menor Melódica e Menor Natural.

Capítulo Seis: O Sistema CAGED

Eu gostaria que o sistema CAGED tivesse sido ensinando no passado, quando eu comecei a tocar guitarra, tão amplamente quanto é agora.

Eu nunca tive uma aula formal de guitarra e levei um bom tempo para me acostumar com o braço do instrumento. Ao longo dos anos, eu encontrei o sistema CAGED e percebi que ele é um resumo preciso de como eu vejo a guitarra. Embora eu tenha levado muito anos para desenvolver conhecimento sobre o braço da guitarra, o sistema CAGED pode ajudá-lo a construir os mesmos *insights* muito mais rapidamente. É um ótimo sistema para ajudá-lo a se familiarizar com o braço do instrumento, pois ele fornece um bom mapa da minha visão – particularmente em relação aos *voicings* de acordes e inversões que eu uso.

Pense por um momento sobre o que significa tocar *chord melody*: tocar acordes e melodia *ao mesmo tempo*. Na maioria das vezes, as notas da melodia precisam ser colocadas na voz mais aguda do acorde, de tal forma que os ouvintes consigam distingui-la acima das outras notas que estão sendo tocadas.

Por exemplo, o que acontece se você só conhece este *voicing* do acorde Gmaj7?

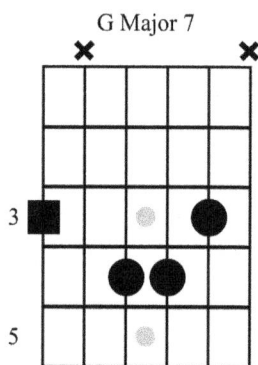

G Major 7

Mas a nota da melodia é um D agudo na décima casa.

Nesse caso, é impossível tocar a melodia e os *voicings* de acordes ao mesmo tempo. Então, faz sentido usar um *voicing* de Gmaj7 que seja geograficamente próximo à nota da melodia.

Veja a seguir um desenho de acorde, que você deve conhecer, que posiciona o acorde Gmaj7 perto da nota D da melodia. Na realidade, o D é a nota mais aguda neste *voicing*. Esta é uma boa escolha para usar nesta situação.

G Major 7

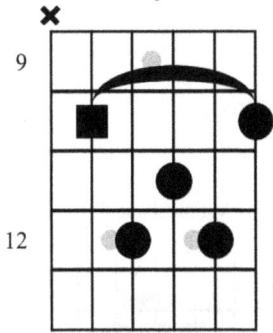

O sistema CAGED permite segmentar o braço da guitarra em cinco desenhos de acordes diferentes, que nos ajudam a colocar *qualquer* nota de melodia no topo de *qualquer voicing* de um acorde. Estes cinco *voicings* são normalmente tocados como algum tipo de *voicing* de acorde com pestana dos acordes abertos tradicionais C, A, G, E e D maiores, que você aprendeu como iniciante.

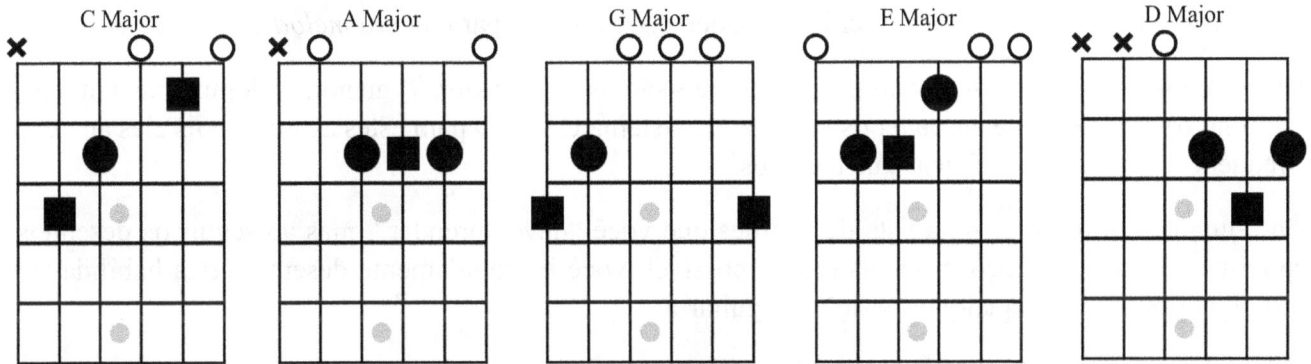

C Major   **A Major**   **G Major**   **E Major**   **D Major**

Abaixo, veja como os acordes acima se transformam em acordes com pestana. Preste atenção nos marcadores quadrados: estas são as tônicas de cada desenho.

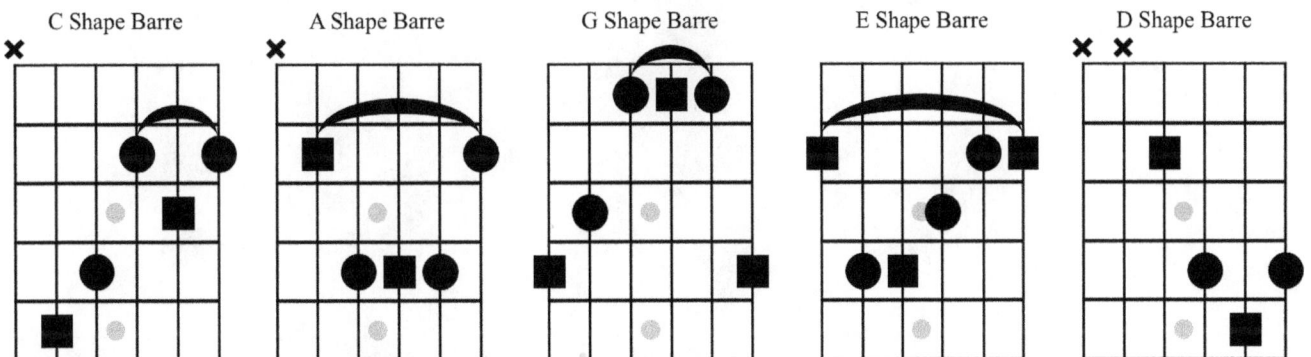

C Shape Barre   **A Shape Barre**   **G Shape Barre**   **E Shape Barre**   **D Shape Barre**

Já que acordes com pestana são desenhos móveis, podemos tocar cada um deles como um *voicing* distinto de G maior. Lidaremos com acordes maj7, m7, 7 e m7b5 em um instante.

Aqui estão os cinco *voicings* diferentes de um acorde de G maior:

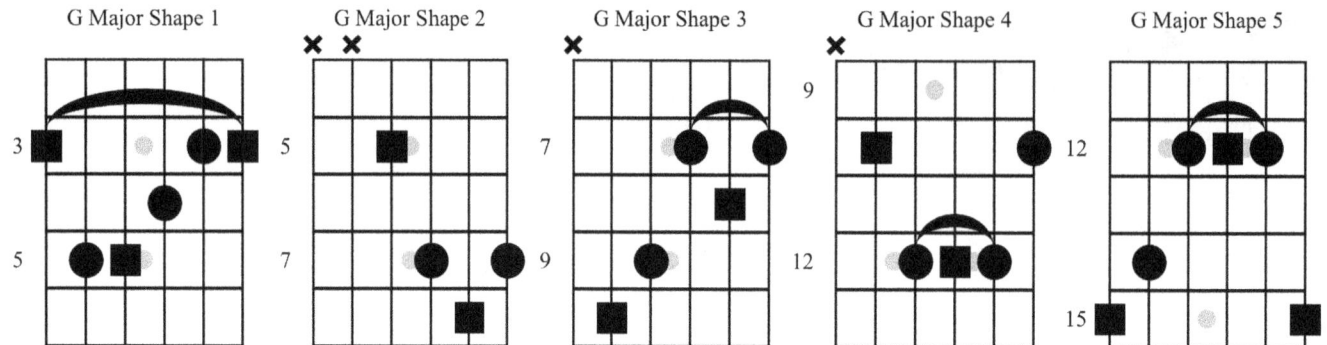

G Major Shape 1   G Major Shape 2   G Major Shape 3   G Major Shape 4   G Major Shape 5

Usando estes *voicings*, é possível posicionar qualquer nota no acorde de G maior (G, B ou D) como a mais aguda, o que em troca nos dá grande liberdade quando criamos uma parte *chord melody*.

No jazz, usamos muitos tipos de acordes. Os principais são os de 7ª maior, 7ª menor, 7ª dominante e m7b5 (7ª meio diminuto). É importante aprender os *voicings* do sistema CAGED para estes acordes, pois eles aparecem com frequência em todas as músicas que tocamos.

Eu sou relutante em fornecer uma lista de acordes que você "deve aprender", mas ao seguir os desenhos e incorporá-los em suas execuções o mais rápido possível, você irá rapidamente desenvolver a habilidade de tocar *qualquer* música, em qualquer posição na guitarra.

A seguir estão todos os *voicings*, dos acordes listados acima, no sistema CAGED. Eles são mostrados com uma tônica de G para referência e podem ser movimentados para cima ou para baixo no braço da guitarra, assim como um acorde com pestana, para alcançar facilmente qualquer desenho. Por exemplo, um *voicing* de Gm7 pode ser mudado duas casas para cima, criando um acorde de Am7. Neste ponto, muitos dos meus estudantes percebem que eles precisam revisar os nomes das notas na quarta corda (D).

Nos diagramas seguintes, apenas toque os pontos pretos. Os pontos vazios mostram onde o resto das notas do sistema CAGED estão no braço da guitarra (no desenho 5), mas elas não são tocadas pois a digitação é muito complicada.

G Maj7 Shape 1
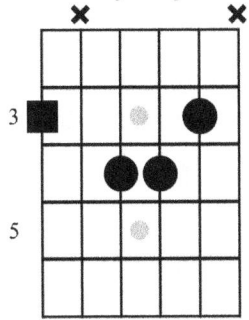

G Maj7 Shape 2
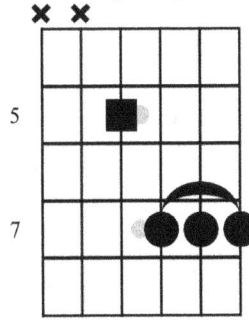

G Maj7 Shape 3
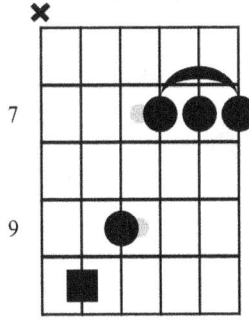

G Maj7 Shape 4
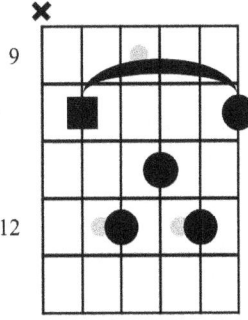

G Maj7 Shape 5
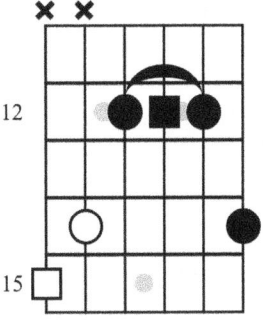

G7 Shape 1
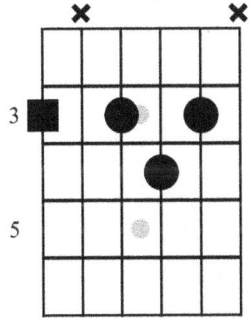

G7 Shape 2
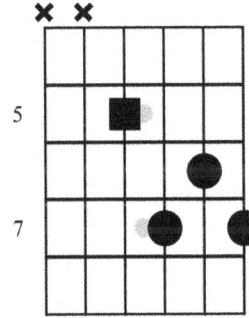

G7 Shape 3
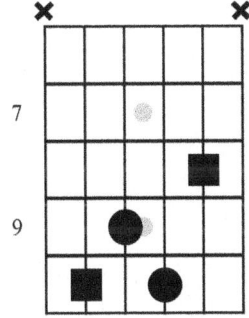

G7 Shape 4
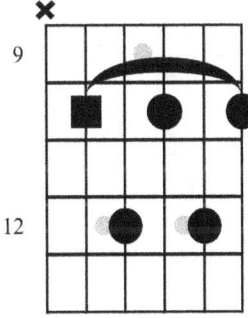

G7 Shape 5
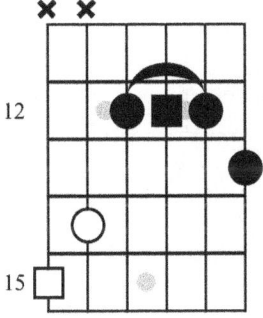

Gm7 Shape 1
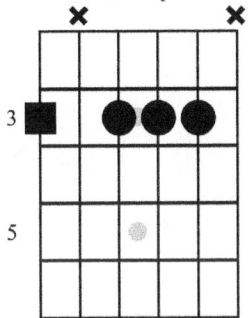

Gm7 Shape 2
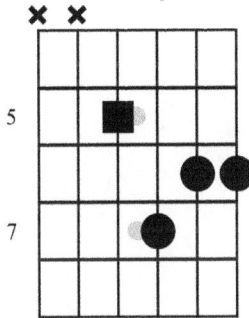

Gm7 Shape 3
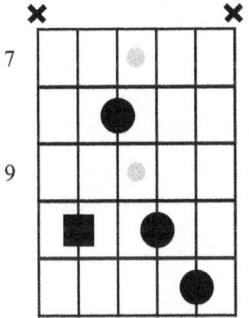

Gm7 Shape 4
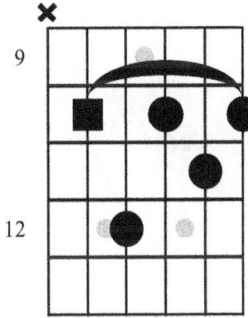

Gm7 Shape 5
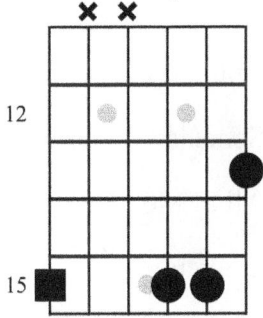

Gm7b5 Shape 1
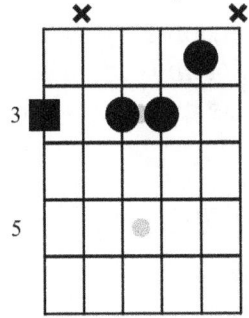

Gm7b5 Shape 2
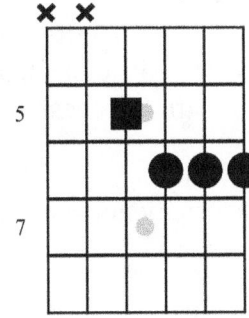

Gm7b5 Shape 3
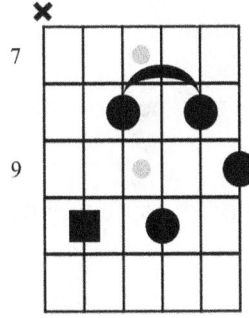

Gm7b5 Shape 4
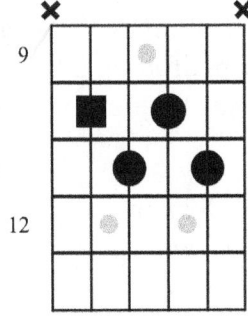

Gm7b5 Shape 5
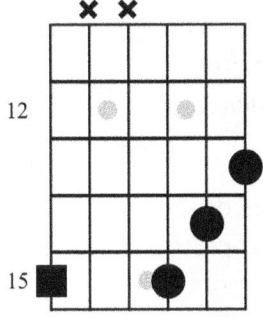

Para aprender estes acordes, tente tocar qualquer *jazz standard* que você saiba. Comece com um *voicing* de acorde diferente em cada vez que você começar um novo refrão.

Tente mover para o *voicing* mais próximo do acorde subsequente e permaneça tocando em uma pequena área da guitarra. Por exemplo, você poderia tocar a sequência de acordes seguinte com os *voicings* mostrados abaixo.

Não se preocupe se a forma de um acorde é de C ou D. Apenas aprenda os *voicings* e as tônicas, juntando estas informações para criar uma sequência de acordes suave e com bom fluxo de execução. Levará tempo, mas esta é uma das habilidades mais valiosas que você pode aprender como um guitarrista.

Algumas músicas boas para praticar:

- All the Things You Are

- Autumn Leaves

- Someday my Prince Will Come

- All of Me

- Stella by Starlight

- Blue Bossa

Estes desenhos do sistema CAGED se tornarão essenciais na Parte Dois, quando iremos abordar a criação de música polifônica.

A Parte Um deste livro é uma introdução para ajudá-lo a entender e ficar por dentro dos maiores obstáculos conceituais da performance polifônica. Estas ideias ganham vida na Parte Dois, onde abordaremos como elas se encaixam na minha música. A Parte Dois toma uma peça musical e mostra o processo exato que eu uso para criar meus arranjos.

Antes de irmos para a Parte Dois, precisamos abordar rapidamente escalas menores e o Sistema CAGED. As ideias presentes nos capítulos seguintes serão úteis em tudo que você tocar.

Parte Dois: Sete Passos para o Paraíso dos Arranjos

A Parte Um deste livro construiu a fundação para uma vida de estudos e explorações sobre as partes da guitarra jazz, usando os tijolos da guitarra solo polifônica. Cobrimos o processo técnico de segmentar a escala em notas graves (baixos), décimas, sétimas e como combinar tudo isso. Então, abordamos como combinar estes intervalos para criar partes móveis dentro de escalas e sequências de acordes.

Na Parte Dois, descobriremos como colocar estas importantes habilidades em prática no contexto da execução de peças musicais reais. Compus uma música original, exclusiva para este livro, baseada nas mudanças de acordes do importante *jazz standard Autumn Leaves*, um ótimo exemplo que agrupa vários elementos comuns a todos os *jazz standards*, especialmente a combinação de sequências ii V I maiores e menores. Diferente de alguns *standards*, não há mudanças de tom inesperadas na música e você pode se concentrar em desenvolver suas habilidades de *chord melody* polifônico sem distrações.

Na gravação desta composição, estou deliberadamente tocando "direto" com pouquíssimos ornamentos. Fiz isso para facilitar a aprendizagem e memorização da melodia. Se você for um bom leitor de partituras, verá que, às vezes, a notação não bate com o áudio perfeitamente. A guitarra é capaz de fazer tantas nuances sutis que pode ser difícil transmitir toda essa expressão artística no papel.

O trabalho que você já fez na Parte Um deve ter preparado seu ouvido para isso, e você começará a reconhecer sons e padrões que descobriu por conta própria, nos seus próprios estudos e explorações. Mas, mesmo que você não reconheça, não entre em pânico! Você não precisa tratar as partes com notação neste livro como se fossem regras. Elas são apenas guias e exemplos. Se o seu ouvido sugere explorar outras direções melódicas e musicais, e você quer adicionar seus próprios ornamentos, ótimo! Este é o objetivo deste livro. Não quero que você aprenda os exercícios apenas de forma literal. Em vez disso, use-os como um trampolim para a sua criatividade. O que me fará feliz é que você desenvolva a sua própria voz.

Entretanto, aprenda a melodia desta música precisamente, uma vez que ela é o trabalho duro da Parte Dois. Toque-a de forma direta e decore a execução. Na verdade, este conselho se aplica a qualquer *jazz standard* que você queira praticar. A melodia lhe dá segurança (e para a sua audiência também!). Tenha esta melodia na sua cabeça em todos os momentos e você nunca vai se perder. Conforme você progride através dos sete estágios na Parte Dois, gradualmente tomará mais liberdades com a melodia, mas, em um primeiro momento, invista tempo em memorizá-la (em algumas posições do braço da guitarra, se puder) tão precisamente quanto possível. A estrutura vem primeiro, e a musicalidade vem depois.

Todas as habilidades deste livro são transferíveis, assim como aprender uma nova língua. Um ótimo contador de histórias usa as mesmas palavras para contar muitas histórias diferentes. Qualquer abordagem subsequente é transferível para qualquer peça musical futura que você aprender. Embora alguns dos passos deste livro sejam desafiadores, e levarão tempo para serem explorados, perceba que você está aprendendo uma língua transferível a todas as músicas que você tocar. Seja paciente, não há motivo para ter pressa!

Esta língua transferível pode ser selecionada para uso em várias situações diferentes. O trabalho que você colocou nas sequências de acordes, tais como a ii V I, por exemplo, dará retorno quando você tocar outras peças musicais com padrões parecidos. Para obter o máximo de tudo que você aprendeu até agora, e para ficar fluente nesta nova língua, aplique este conhecimento a outros tons. Seu vocabulário crescerá rapidamente, e você terá múltiplas formas de abordar sequências de acordes.

Quando você aprender a harmonia de qualquer música, lembre-se que o intervalo mais forte é sempre criado pela tônica e pela décima. Ao aprender a sequência de acordes como tônicas e décimas, você desenvolverá uma série de pontos de referência distintos, que lhe darão um mapa simples da composição inteira. Este é o esqueleto da música, sobre o qual você pode construir muitos acordes, ornamentos, variações e melodias diferentes. Décimas são suas melhores amigas para dominar a harmonia de qualquer composição. Por isso, invista tempo na construção de uma rota consistente pela sequência de acordes.

Você pode fazer download do áudio da composição seguinte.

Autumn Breeze

13
Emin7
Amin7
D7
17
Gmaj7
Cmaj7
F#min7b5
B7b9
21
Emin7
A7
Dmin7
G7
F#min7b5
B7b9
25
Emin7
TAB

Capítulo Sete: Passo Um – Harmonia

Agora chegamos na parte prática, criativa e empolgante de criar um novo arranjo do zero.

O primeiro passo para aprender uma abordagem *fingerstyle* de uma nova música consiste em focar *apenas* nos acordes. Para tal, usaremos *voicings* que contém a tônica, a terça e a sétima. Veja abaixo o delineamento de um guia de acordes para a nossa música de exemplo.

Use *quaisquer voicings* de acordes que você saiba neste ponto. Queremos desenvolver uma boa intuição sobre a harmonia da música – fixar este som na cabeça, e saber onde ele está indo. A harmonia é a base da música e sabê-la bem será de grande ajuda mais tarde, quando a performance ficar mais complexa.

Comece tocando pelas mudanças de acordes vagarosamente e de forma consistente, tocando quatro vezes por compasso.

Neste capítulo, estamos focando apenas nos oito primeiros compassos mostrados abaixo, mas você deve trabalhar em toda a sequência por conta própria.

Exemplo 7a:

Agora, toque a sequência novamente. Desta vez, comece com um voicing do acorde Am7, que começa na quinta corda, e encontre um novo caminho através das mudanças de acordes.

Exemplo 7b:

Muitos guitarristas fogem do próximo passo, mas ele é muito importante para aprender a tocar.

Quando você tiver memorizado a sequência de acordes, toque junto com a gravação da música e cante a melodia enquanto você toca. Não se preocupe se você não costuma cantar, ninguém precisa ouvir! O objetivo é internalizar a harmonia junto com a melodia. Isso ajuda a solidificar a fundação da música, para que você possa ouvir a composição como um todo. Dessa forma, você não vai se perder.

Estou falando sério, se você não cantar a melodia, vai ser uma luta aprender a música. Se você a cantar, tudo que vem depois será muito mais simples. Isso também ajudará mais tarde quando você quiser criar improvisações melódicas. Ideias que são cantadas sempre são mais musicais. Senão, nós guitarristas facilmente tocamos escalas não muito musicais.

Quando você aprender todos os acordes em blocos, comece a simplificar os *voicings* e reduza cada acorde à sua forma mais simples de tônica e décima. Se você quiser, ainda pode pressionar no braço da guitarra os *voicings* em blocos mostrados acima, mas tome cuidado para tocar apenas a tônica e a décima. O cenário ideal é que seus dedos pairem em desenho de acorde logo acima das cordas, mas o contato acontece apenas com as notas selecionadas.

Toque a sequência com apenas tônicas e décimas, começando com o *voicing* de Am na sexta corda. Veja a seguir os oito primeiros compassos.

Exemplo 7c:

Agora, repita este processo começando na quinta corda, assim como no Exemplo 7b.

Cante a melodia sobre estes acordes, assim que você se sentir confortável tocando essas mudanças. Isto o ajudará muito. Também incluímos uma gravação sem acompanhamento da melodia do Exemplo 7a, para que você possa tocar o acompanhamento de tônica e décima.

O Passo Um pode parecer bastante simples, mas não se apresse neste ponto. Você precisa de fundações sólidas para construir um forte.

Se você quiser ir bem fundo nas mudanças de acordes e aprender mais sobre o braço da guitarra, tente ficar em uma área pequena, abrangendo de quatro a cinco casas e usando os desenhos do sistema CAGED vistos no Capítulo Seis. Repita este processo por todo o braço da guitarra. Embora trabalhar com os acordes do sistema CAGED seja uma habilidade útil, eu aconselho fazer isso mais tarde. Vá para o Passo Dois assim que você se sentir confortável tocando as mudanças das duas formas delineadas acima.

Capítulo Oito: Passo Dois – Melodia

A partir do momento em que você tiver um bom fundamento com acordes em blocos, tônicas e décimas, e estiver cantando a música enquanto toca os acordes, é hora de aprender a melodia. A melodia é *a parte mais importante* de qualquer música, e você deve dedicar uma boa porcentagem do início da sua aprendizagem para estudar, memorizar e expressar isso de todas as formas que você puder.

O objetivo é *entrar* na melodia e senti-la no seu corpo. Você precisa assimilar bem a melodia. Sem melodia não há canção e, portanto, não há música. A melodia é uma estrutura de destaque na composição, e todas as ideias melódicas que adicionarmos mais tarde (sejam ornamentos, vozes internas, linhas de baixo ou substituições de acordes) se encaixam *ao redor* da melodia. A melodia é a chefe que exige seu respeito!

A melodia da *lead sheet* nas páginas 56-57 <ref> é tocada sem acompanhamento no Exemplo 8a.

Exemplo 8a:

Comece aprendendo a melodia, como escrita acima. Use a tablatura para copiar a localização de onde eu toco no braço da guitarra.

Agora, cante a melodia conforme você toca, ouvindo as mudanças de acordes na sua cabeça. Toque junto com a minha gravação da música do Exemplo 8a, para imitar o meu fraseado.

Em seguida, quero que você encontre outras três formas para tocar a melodia na guitarra. Você pode começar com o seguinte fraseado:

Exemplo 8b:

Agora, toque o quanto da melodia você puder na segunda corda (B).

Você poderia mover tudo para uma posição diferente no braço da guitarra, como no exemplo abaixo.

Exemplo 8c:

Há, normalmente, muitas possibilidades de digitações para expressar uma melodia. Quanto mais você explorar a guitarra, mais fluente você se tornará.

Também é interessante aprender a melodia uma oitava mais grave do que está escrito, embora isso faça com que seja quase impossível colocar acordes por baixo. Na verdade, você descobrirá que, muitas vezes, é necessário mudar uma melodia escrita em uma oitava para cima quando você fizer arranjos para guitarra solo.

Ao aprender a melodia em cordas e posições diferentes, você descobrirá que o timbre da melodia varia drasticamente. Algumas posições vão soar mais brilhantes e mais ricas do que outras, e isto afetará a sua interpretação da peça.

Também vale ressaltar que você pode afetar muito o *feeling* de uma execução ao mudar o tom da música.

Tons tradicionais de guitarra como G, C, E e A soam mais brilhantes e ressonantes, enquanto tons de saxofone e trompete como Bb, Eb e Ab acabam soando mais sombrios e melancólicos. Nenhum dos dois efeitos é melhor, e você pode escolher criar um clima particular na sua performance. Estes efeitos são mais pronunciados em uma guitarra acústica ou semiacústica de boa qualidade.

Não complique a execução de uma melodia ao aprendê-la. No início, não adicione ornamentos e variações. Pratique a melodia com apenas um metrônomo e, se puder, configure-o para tocar apenas nos tempos dois e quatro. Não dependa de uma gravação da música para ajudá-lo a se situar na execução – a música precisa estar sólida na sua cabeça. Não se esqueça de cantar!

Observações Sobre a Aprendizagem de Outras Músicas.

É raro ouvir um músico de jazz tocar qualquer melodia sem adicionar seus próprios ornamentos, fraseados e personalidade. Quando outros músicos de jazz ouvem estes ornamentos, eles copiam e adicionam suas próprias ideias. Alguns desses ornamentos e fraseados passaram de geração em geração e substituíram as composições originais na consciência de estudantes contemporâneos. Por exemplo, a versão de John Coltrane para *My Favourite Things* é bem diferente da versão original escrita por Rodgers e Hammerstein. A improvisação estendida de 14 minutos de Coltrane reescreveu as regras de como esta música poderia ser tocada, virando uma de suas melodias mais características nas performances ao vivo. Entretanto, se você nunca tivesse ouvido a música original, você pode não perceber que Coltrane está tomando grandes liberdades com o fraseado e a articulação da melodia, baseando a sua versão na dele e não na versão original.

Por esta razão, eu recomendo que, ao aprender músicas novas, você volte para a fonte e aprenda a música pelo *The Great American Song Book* ou pelo *The Real Book*. Embora possam haver pequenos erros em ambas as publicações, elas dão uma boa ideia do que o compositor originalmente pretendia.

Quando você estuda gravações de jazz das suas músicas escolhidas, procure ouvir cantores e instrumentistas que vão direto ao ponto, como Tony Bennett, Frank Sinatra ou Peggy Lee, que permaneceram fiéis à música original e tinham um fraseado bastante musical. Certifique-se de aprender a melodia da forma mais original possível, para então desenvolver sua própria interpretação.

Capítulo Nove: Passo Três – Chord Melody

O Passo Três é onde todo o trabalho que você fez no sistema CAGED entra em cena. O objetivo deste capítulo é adicionar simples *voicings* de acordes à melodia, mantendo o fluxo na voz aguda.

Este é o estágio no qual a maioria dos guitarristas de *chord melody* param, e se não fosse pelo guitarrista Ike Isaacs, eu poderia ter parado também!

Eu lembro quando eu tinha 19 anos. Eu toquei meu arranjo em *chord melody* de uma música para Ike. Ele ouviu cuidadosamente e disse, "Bem, está ok. Mas não é tão interessante!"

Eu perguntei a Ike como ele tocaria, e ele começou a tocar a música com muitas linhas melódicas diferentes, tecidas através da composição. A sua performance tinha direção e momentum, além de interesse harmônico. Esta foi a minha introdução à execução polifônica na guitarra, e veremos como somar todas estas linhas nos últimos capítulos. Por hora, o Passo Três é onde combinaremos as partes de melodia e acorde dos dois capítulos anteriores.

A coisa mais importante a ser lembrada é que a melodia ainda é a chefe! Quaisquer acordes que adicionemos por baixo da melodia devem encaixar bem na composição. *Você nunca deve alterar a melodia por causa de um acorde.* A melodia é *sempre* prioritária.

Olhamos detalhadamente para o sistema CAGED, de tal forma que sempre podemos encontrar um *voicing* de acorde próximo à nota da melodia. Se a nota da melodia não está em um acorde, podemos sempre encontrar um *voicing* de acorde onde a nota mais aguda pode ser alterada.

Antes de começarmos, um pensamento importante é que *nem toda nota melódica precisa ser harmonizada.*

Ouça alguns dos grandes guitarristas de jazz *chord melody*, tais como Joe Pass. Na forma de tocar de Joe há muitos momentos onde a melodia é tocada sem acorde, ou apenas uma nota é harmonizada. Frequentemente, esta harmonia esparsa é apenas uma nota de baixo ou uma décima.

Infelizmente, é impossível falar exatamente quais notas harmonizar com um acorde cheio, quais notas harmonizar com uma nota grave, quais notas harmonizar com um intervalo, ou quais notas não harmonizar, pois isso sempre será uma escolha pessoal. Entretanto, posso afirmar que a maneira como eu aprendi a fazer estas escolhas foi ouvindo pianistas como Bill Evans.

Pianistas abordam seu instrumento de uma forma diferente dos guitarristas. Eles estão acostumados a terem muitas notas disponíveis constantemente. Como o piano é um instrumento rico e poderoso, um pianista não poderia continuamente harmonizar todas as notas em uma melodia com acordes de seis notas, pois seria muito barulhento e fatigante para a audiência. Pianistas aprendem rapidamente quando suportar uma melodia, com o menor número de notas possíveis, e quando deixar a melodia figurar sozinha.

Ouça pianistas tocando *jazz standards* sem acompanhamento, e você rapidamente desenvolverá intuição sobre o que incluir. Saber o que deixar de fora é ainda mais importante.

Embora não existam regras pétreas, uma boa dica é harmonizar as notas que caem nas batidas do compasso. Sim, isso será um pouco "quadrado", mas é um bom ponto de partida para a sua jornada.

Veremos a seguir como adicionar acordes simples sob os primeiros quatro compassos da melodia.

Exemplo 9a:

Perceba que, frequentemente, eu não toco todas as notas dos acordes, embora eu segure todas as cordas do desenho, no braço da guitarra. Às vezes minha mão paira sobre o desenho do acorde, e eu apenas conecto com algumas notas.

Observe como eu abordo os outros quatro compassos. Novamente, tudo é muito simples e você pode ver que estou usando desenhos básicos do sistema CAGED para encontrar *voicings* que se encaixam bem sob a melodia.

Exemplo 9b:

Perceba como eu uso cordas soltas, fragmentos de acordes e melodia isolada para facilitar a harmonização.

Para dar um bom ponto de partida, tocarei toda peça usando esta abordagem, quebrando-a em sessões de quatro compassos, para que você entenda o que estou pensando.

Exemplo 9c:

Agora, vamos detalhar cada seção de uma vez.

Exemplo 9d:

Compasso 1: o compasso começa com a melodia desacompanhada, criando uma condução marcante na composição antes de resolver em um acorde Am7 (desenho de acorde do sistema CAGED na quinta casa) no compasso 2.

Compasso 3: uso outro desenho do sistema CAGED para o acorde D7 na quinta casa, ainda sob os seus dedos, segmentando o acorde para manter a melodia como parte do acompanhamento, o que leva à resolução do compasso 4.

Compasso 5: aqui temos uma mistura do desenho no sistema CAGED para o acorde Cmaj7, e uma ideia similar fragmentada no compasso 3, para manter a melodia alinhada com o acompanhamento.

74

Exemplo 9e:

Compasso 6: a nota da melodia está no topo deste acorde, tendo um estilo estrito e simples de *chord melody*.

Compasso 7: é uma mistura do uso básico da décima + sétima, mas permitindo à melodia respirar e tecer seu caminho para resolver em tensão no acorde menor do Compasso 8.

Compasso 9: este é um exemplo de virada baseada na frase melódica de abertura no Exemplo 9d, mas trazendo um acompanhamento de acordes também na melodia. Todos os desenhos do sistema CAGED podem ser usados com moderação, tocando apenas o suficiente do acorde para transmitir a harmonia. Você ainda pode manter a melodia no topo do acorde. Experimente e encaixe os desenhos de acordes que melhor funcionam com você!

Exemplo 9f:

Compasso 10: mostra que você estabelece a harmonia para o ouvinte com o acorde, e então continua com a sua melodia, levando à tensão harmônica do compasso 11.

Compasso 11: aqui está o seu próximo acorde do padrão, usado de forma simples e muito eficaz para manter melodia e harmonia bem equilibradas, sem ter muito de uma ou de outra.

Compasso 12: aqui encontramos o desenho básico décima + sétima, usado como um acorde sétimo dominante, estabelecendo o conteúdo harmônico para a melodia tomar conta e conduzir à resolução do acorde menor.

Exemplo 9g:

Compasso 14: não há necessidade de todas as notas serem harmonizadas quando tocamos guitarra polifônica. É bom ter espaço!

Compasso 15: perceba que, embora este desenho de acorde tenha pestana, estamos tocando apenas quatro notas. Novamente, você não precisa tocar todas as notas. Toque apenas o suficiente para expressar clareza harmônica e trazer também a sua nota melódica. Isso ajuda os seus arranjos a soarem mais sofisticados.

Compasso 16: começamos delineando um D7, tocando o desenho do acorde, e temos um exemplo perfeito de como escolher as melhores notas do acorde para harmonizar a melodia. Tome pequenos pedaços do acorde e use-os na sua melodia. Não se atole tentando tocar tudo o tempo todo.

Exemplo 9h:

Compassos 18-21: O acorde Cmaj7 estabelece uma harmonia forte o suficiente para a melodia tomar a liderança, levando-nos para o próximo acorde e mudando a harmonia. Ainda estamos tecendo a melodia em torno de acordes tocados isoladamente (perceba que não estamos tocando os acordes inteiros). Menos é mais quando tocamos *chord melody*. É um ato de equilíbrio que constitui o caminho para tocar guitarra de forma verdadeiramente polifônica. O último compasso leva para um ciclo de quartas, conduzindo para a virada final da peça que nos leva de volta ao topo.

Exemplo 9i:

Compasso 22: neste compasso, temos acordes simples do sistema CAGED esboçando a harmonia, mas também combinados com a melodia. Perceba como você faria o acorde inteiro com pestana para o G7, mas sem tocar o acorde cheio. Toque apenas a informação que quer transmitir. Esta é uma forma muito inteligente e econômica para arranjar uma guitarra solo.

Compasso 23: é o exemplo perfeito de como usar um acorde parcial nos impulsiona para a melodia de uma nota. Veja como é simples, e você não precisa fazer os acordes e movimentos de dedos mais complicados. O simples vai longe quando tocamos jazz.

Compasso 24: esta seção parece mais complicada do que ela é! Perceba o uso da nota grave e da nota aguda juntas. Tendo feito esta pestana com a sua mão, podemos nos libertar para trazer outras notas do acorde e da melodia. Fazer isso deixa qualquer arranjo para guitarra leve e administrável, mas ainda forte em harmonia e melodia.

Os exemplos acima mostram uma rota através das mudanças. Quando você se sentir confortável tocando as minhas ideias, comece a experimentar com as escolhas de notas dentro de cada acorde.

Toque a música de novo. Desta vez, use apenas *voicings* de tônica e terça sob a melodia.

Toque novamente, usando apenas os baixos e a melodia.

Em seguida, tente selecionar combinações diferentes de intervalos dos *voicings* de acordes cheios. Por exemplo: onde eu toquei um acorde cheio, tente tocar apenas a tônica ou a tônica e a décima. Você poderia até mesmo tocar apenas a décima e a sétima. Aprender a ouvir estas diferentes possibilidades ajudará você a desenvolver uma paleta de cores para dar inflexões sutilmente diferentes na sua música.

Leve em conta quantas notas você irá tocar de cada acorde, mas também leve em conta se você quer dedilhar, palhetar ou arpejar um *voicing* que se encaixa na melodia. Há tantas escolhas criativas disponíveis que pode ser um pouco confuso para o aluno. Por isso, sugiro que você tome apenas uma ideia por vez e invista uma seção de estudos e prática inteira para explorar as possibilidades. Escolhas diferentes levarão você a novos caminhos e criarão climas muito variados na sua execução.

Se os exemplos acima são apenas um caminho possível pelas mudanças de acordes, como você pode reformular os acordes e tocá-los em diferentes locais, mantendo a melodia no topo? Ao aprender diferentes caminhos para tocar *chord melody*, você acessa novas cores e inflexões na sua música.

Este processo pode intimidar guitarristas indecisos. Pode haver uma dúvida persistente do tipo, "E se este não for o melhor *voicing*? E se *aquele* outro for melhor?!"

Não se preocupe, não há *voicing* melhor, apenas escolhas diferentes. O caminho é ouvir pianistas e guitarristas de *chord melody*, e explorar ao máximo por conta própria. Você rapidamente começará a fazer escolhas criativas e bem informadas. No fim das contas, a única pergunta importante é: *como suas escolhas fazem você se sentir?* Se você gosta delas, mantenha-as. Se você não gosta, mude. Às vezes, a única reposta pode ser jogar o meu método pela janela e fazer suas próprias escolhas. Eu aprovo esta atitude!

Conforme você avança e melhora como músico, você verá que o Passo Três rapidamente se torna o Passo Um no seu processo de fazer arranjos. Você terá descoberto *voicings* de acordes o suficiente para pular diretamente para este passo e imediatamente criar arranjos em *chord melody* aceitáveis para qualquer música.

Dicas para criar um arranjo simples em *chord melody:*

• Mantenha a simplicidade. Até mesmo escolhas simples soam muito bem nesse estilo. Não há motivo para adicionar complexidade.

• Não ornamente a melodia. Comece tocando a melodia do jeito que está escrita. Colocar acordes na base é desafiador o suficiente, então foque em construir uma estrutura sólida de *chord melody* que funcione.

• Use o sistema CAGED – estes desenhos de acordes permitem que você posicione qualquer nota de melodia no topo, como a voz mais aguda, em pelo menos um acorde.

• Você não precisa harmonizar a melodia o tempo todo! Este detalhe é frequentemente ignorado pelos estudantes. Quando você ouvir grandes pianistas e guitarristas, ficará surpreso com o que eles não harmonizam. Se você não consegue encontrar um acorde, toque apenas a melodia.

• Escolha as suas notas. Mesmo que você esteja segurando um acorde cheio (com a mão que pressiona as cordas no braço da guitarra), você não precisa tocar todas as notas. Experimente deixar algumas notas de fora.

• Encontre uma rota. Seu primeiro objetivo sempre deve ser encontrar um caminho consistente através da música usando *chord melody*. Esta é a sua fundação e significa que você sempre pode explorar novas ideias com segurança.

• Tome decisões. Não há escolhas ruins de acordes. Você sempre pode mudar de ideia mais tarde. Só avançamos quando tomamos decisões.

• Lide com tons fora dos acordes. A nota da melodia na primeira batida nem sempre está no acorde. Isole-a ou ajuste um desenho do sistema CAGED.

• Lembre-se: a melodia é a chefe. Acordes funcionam com ou ao redor da melodia, e a melodia nunca deve ser sacrificada por causa da harmonia.

Às vezes, é bom colocar o método de lado e seguir em frente usando a sua intuição. Esta é a forma mais musical. O prazer da música está na experimentação e investigação de possibilidades.

Capítulo Dez: Passo Quatro – Melodia e Baixos

Agora que desenvolvemos uma estrutura para os acordes e a melodia, chegou a hora de simplificarmos a forma de tocar. Depois de todo trabalho no Passo Três, pode parecer contraintuitivo cortar boa parte do que fizemos. Entretanto, você verá que este é o segredo para ir além do *chord melody* e construir um estilo verdadeiramente polifônico de tocar.

Ocasionalmente você irá me ouvir tocando *chord melody* direto ao ponto, mas meu estilo de tocar vai bem além disso. Na verdade, eu normalmente componho com três ou mais vozes separadas ao mesmo tempo. Para atingir isso, começo a cortar tudo e deixo só melodia e baixos. É irônico que este aparente passo para trás é o que me permite tocar músicas bastante complexas com facilidade.

Quando eu dispo a música em apenas baixos e melodia, ainda *penso* nos desenhos de acordes. Nesse sentido, minha mão ainda paira sobre as cordas do braço da guitarra seguindo os desenhos do sistema CAGED vistos anteriormente. Ocasionalmente, eu até mesmo pressiono as cordas sem tocar as notas internas do acorde. Este é o motivo pelo qual construir uma fundação sólida foi tão importante no Passo Três. Criar uma rota consistente pelas mudanças me permite rapidamente encontrar a nota grave (que compõe o baixo) do acorde.

É assim que eu toco os primeiros oito compassos do nosso exemplo, apenas com baixo e melodia. Lembre-se que minha mão paira sobre as posições dos acordes.

Exemplo 10a:

Não deve demorar até que você consiga aplicar esta abordagem no restante da música.

Quando estiver confiante, você pode adicionar movimento cromático ou melodias nas notas graves. Você pode fazer isso de ouvido, mas uma abordagem organizada pode ajudá-lo a achar novas opções nas quais você nunca teria pensado.

Comece adicionando um semitom abaixo da nota grave que é seu alvo. Perceba que eu não me forço a tocar isso em todas as mudanças de acordes.

Exemplo 10b:

Tente a mesma coisa, colocando a nota com diferença de um semitom acima da nota alvo.

Exemplo 10c:

CMaj7   F#m7b5   B7   Em7

Outra abordagem comum é ir na direção da nota grave (alvo) em semitons, a partir de um tom acima.

Exemplo 10d:

Am7   D7   GMaj7

CMaj7   F#m7b5   B7   Em7

Novamente, não há motivo para usar estes movimentos em todas as notas graves se a melodia não lhe permite fazer isso facilmente. Mais tarde, você pode experimentar adicionando movimento nos baixos *enquanto* toca a melodia, mas isso requer uma digitação criativa.

A próxima ideia é tocar um semitom abaixo da nota alvo e, em seguida, um tom acima.

Exemplo 10e:

De vez em quando, seu ouvido pode lhe dizer para tocar um semitom acima da tônica, em vez de um tom. Isso também pode ser interessante, então use a sua intuição!

Finalmente, reverta o padrão anterior para tocar um tom acima e, em seguida, um semitom abaixo nas notas graves.

Exemplo 10f:

CMaj7 F#m7b5 B7 Em7

Por fim, vamos combinar o movimento descendente (por notas adjacentes) do Exemplo 10d com um semitom abaixo da tônica.

Exemplo 10g:

Am7 D7 GMaj7

CMaj7 F#m7b5 B7 Em7

Os passos desenvolvidos anteriormente compõem uma abordagem bastante formal e estruturada para aprender os movimentos dos baixos. É claro que, durante execuções, eu combino estas ideias de muitas formas. Elas estão tão internalizadas que eu posso facilmente criar melodias nos baixos, assim como mostrado no Capítulo Três.

Veja a seguir os oito compassos da nossa música, onde eu toco várias ideias nas notas graves.

Exemplo 10h:

Como você pode ouvir, mesmo ideias simples se combinam facilmente para criar uma peça que soa complexa. Divirta-se e seja criativo. Começaremos a desenvolver as linhas interiores no próximo passo.

Capítulo Onze: Passo Cinco – Linhas Internas

Agora que sabemos como movimentar as notas graves, vamos adicionar as vozes *internas*.

Vou manter a simplicidade em primeiro lugar, fazendo uma abordagem mais avançada no Passo Seis. Tudo que faremos agora é adicionar uma melodia curta que se move por notas adjacentes para a décima do acorde seguinte. Isso tudo acontece enquanto tocamos a melodia e os baixos.

O truque é visualizar e mirar um tom de acorde do acorde *seguinte*. Por exemplo, a primeira mudança de acorde acontece entre Am7 e D7. Portanto, a melodia interna começa no Am7 e é resolvida (por hora) na décima do acorde D7, na batida um.

Mostrarei a você o que eu quero dizer com tocar apenas uma nota, que se move para a décima do próximo acorde, sobre os oito primeiros compassos.

Exemplo 11a:

Agora, tente a mesma coisa enquanto se aproxima da sétima.

Exemplo 11b:

Desta vez, trocarei entre mirar na décima e na sétima do acorde seguinte, conforme o clima da música me conduz.

Exemplo 11c:

O próximo passo é aumentar estas linhas. Mantenha a melodia e a linha de baixo constantes. Você não precisa variá-las ainda. Também não se preocupe em tocar no tempo – a consistência no tempo virá mais tarde. Por hora, apenas se concentre em construir as melodias que miram nas décimas e sétimas do próximo acorde.

Exemplo 11d:

Veja a seguir algumas outras formas de ornamentar as partes internas.

Exemplo 11e:

Exemplo 11f:

Pense em qual direção você quer que a melodia das linhas internas se mova. Se a melodia da música é ascendente, pode ser interessante descender com as partes internas, e vice-versa.

Como sempre, respeitar a melodia escrita é primordial! Todas as linhas melódicas que você adicionar, em partes internas ou nos baixos, *devem* funcionar em torno da melodia da música.

Capítulo Doze: Passo Seis – Melodia, Baixos e Linhas Internas

No Passo Seis, vamos construir sobre as ideias do Passo Cinco para usar linhas mais longas e criar mais interesse nas várias partes. Neste ponto, muito do trabalho feito nos Capítulos Dois e Três se tornará relevante.

Por hora, não pense em tocar as notas graves; nós vamos colocá-las de volta mais tarde.

Para construirmos linhas mais longas, vamos pensar em como as escalas podem ajudar a descobrir as notas que funcionam. Nossa melodia de exemplo é no tom de G maior, então faz sentido usar a escala de G maior para construir as linhas melódicas internas.

O objetivo é tocar a melodia, adicionar uma linha melódica interna (mirando em um tom do próximo acorde) e continuar tocando a melodia. É muito importante, no processo de aprendizagem de linhas internas mais longas, que você não toque no tempo! Não é sempre que você ouve um músico falando isso, mas não se preocupe muito se você acidentalmente tocar demais no espaço disponível para o seu *"preenchimento"* melódico.

Em primeiro lugar, vamos explorar uma linha melódica em G maior que mira na décima do acorde D7.

Exemplo 12a:

Vamos tocar a primeira parte da melodia que pousa sobre o Am7 e, então, adicionar a linha melódica anterior.

Exemplo 12b:

Por hora, não se preocupe com o fato desta linha interna ser uma parte escrita. Logo você começará a improvisar suas próprias linhas. Lembre-se de visualizar o acorde em bloco em todos estes exemplos. Assim, você pode encontrar ambas as linhas internas e voltar precisamente para a melodia da música.

Vamos repetir o processo com a segunda frase da melodia. Entretanto, desta vez, a linha interna do Exemplo 12a está adaptada para mirar na décima do acorde Cmaj7. Note que o desenho e o ritmo da melodia são idênticos. O desenho apenas foi deslocado para começar em um tom mais grave.

Exemplo 12c:

Aqui está a ideia de novo: a terceira frase da melodia é tocada e a linha interna da melodia é deslocada para baixo, no sentido de mirar na décima do acorde B7. Eu termino tocando a parte final da melodia, para terminar no acorde Em7. Note que precisamos ajustar levemente a escala, porque algumas notas de B7 não estão na escala de G maior.

Exemplo 12d:

Veja abaixo uma linha interna diferente que você pode tocar sobre os primeiros oito compassos.

Exemplo 12e:

Exemplo 12f:

As linhas anteriores usaram passos na escala tomados a partir de G maior, que foram ajustados quando o acorde demandou. Agora, vamos tentar outra linha que mira na terça do acorde, mas desta vez adicionando algumas notas cromáticas.

Tente tocar estas linhas em diferentes posições no braço da guitarra.

A seguir, veja outra linha cromática que mira na décima. Aplique-a em toda a sequência de acordes.

Exemplo 12g:

Neste ponto, você já construiu algumas peças do seu vocabulário. Toque a música novamente e use um preenchimento diferente em cada mudança de acorde. Isso ajuda a internalizar o ritmo e posicionamento de linhas internas, além de construir suas ideias baseadas nestes fragmentos.

Faça a mesma coisa, mas agora use seus próprios preenchimentos. Use seu ouvido e mire na décima de cada acorde que segue a linha melódica. Você pode investir bastante tempo nisso (vários anos, na verdade!), procurando linhas que funcionam. Conforme mencionado no Passo Cinco, ouça pianistas e guitarristas como Joe Pass (e também eu mesmo) para se acostumar com as possibilidades, tanto em termos de ritmo como de melodia.

A seguir, progrida para encontrar linhas mais longas que miram na sétima de cada acorde. Aqui estão duas para você começar.

Exemplo 12h:

Exemplo 12i:

Aprenda a aplicar cada uma das linhas acima individualmente, antes de combiná-las com as linhas que miram na décima nota por cima.

O próximo passo é adicionar a linha de baixo novamente. Toque a melodia e a linha de baixo de forma *direta* e inalterada. Veja a seguir duas formas de tocar pelos primeiros oito compassos com linhas melódicas mais longas e notas graves. Não esqueça de visualizar os desenhos de *chord melody* que você aprendeu antes.

Exemplo 12j:

Exemplo 12k:

Agora, vamos adicionar um pouco de movimento nos baixos. Perceba que eu não faço isso em todos os acordes. Às vezes eu toco a linha de baixo. Em outras vezes eu toco alguma voz interna ou, quando couber, faço ambos!

O exemplo a seguir é uma gravação completa da nossa música de referência. Desta vez, estou tocando de forma mais livre, mas continuo dentro dos limites dos primeiros seis passos. Eu combino vozes internas, aproximação cromática e movimentos nos baixos enquanto mantenho a melodia escrita fixa e no tempo. Note que a melodia ainda é a voz mais importante. Se eu não consigo alcançar uma nota grave ou voz interna, eu as deixo de lado para tocar a melodia.

Exemplo 12l:

O próximo estágio é aprender a variar a melodia e incorporar tudo que foi mostrado nos seis primeiros passos. Estamos quase lá!

Capítulo Treze: Passo Sete – Variação Melódica

O passo final no meu método é aprender a variar a melodia principal da música. Perceba que a melodia é o último componente a ser alterado, porque a melodia é a chefe!

Quando falo aos meus alunos sobre criatividade, com frequência vejo eles intimidados pela palavra *improvisação*. Improvisação pode ser um prospecto intimidador, então eu prefiro falar sobre *variação*.

Ao gradualmente variar uma melodia, mesmo que apenas em algumas notas, você pode rapidamente começar a tocar ideias musicais que são distintas, mas ainda fortemente relacionadas à melodia original da música. Você lembra que eu mencionei sobre aprender melodias de jazz ouvindo cantores como Tony Bennett, em vez de instrumentistas como John Coltrane? Gradualmente, os ornamentos e as variações que instrumentistas como John Coltrane adicionam se tornam *compostos*, levando-nos para longe da melodia original da música.

Entretanto, quando variamos uma melodia intencionalmente, tomar algumas liberdades é exatamente o que queremos fazer! Tendo variado a melodia, você pode então variar a *nova melodia* que você criou, continuando o processo em seguida. O que você terá é uma improvisação que evolui, fortemente relacionada com a melodia original. É como uma semente que germina e se torna uma árvore enorme. Tudo se originou daquela primeira semente, mas agora todas as variações e possibilidades expandem conforme os galhos e folhas se sobrepõem, formando uma linda árvore que não se parece em nada com a semente original.

Improvisação pode intimidar, mas variar uma melodia é fácil!

Vamos novamente olhar para a primeira frase da nossa melodia.

Exemplo 13a:

Aqui estão apenas duas formas nas quais poderíamos variar a melodia para formar uma ideia musical diferente e relacionada.

Exemplo 13b:

Exemplo 13c:

Apenas para ilustrar como estas variações podem ser compostas rapidamente, aqui está uma "variação da variação" anterior.

Exemplo 13d:

Perceba como a ideia é completamente diferente da melodia original, mas ainda funciona bem porque nós a desenvolvemos em passos lógicos e musicais.

Assim como nossas respostas verbais em conversas são relacionadas às palavras ditas por outra pessoa, as vozes internas e linhas de baixo que criamos nas improvisações irão se relacionar com as variações da melodia. Conforme variamos a melodia, nossas *respostas melódicas* irão variar também.

Naturalmente, leva tempo para construirmos estas habilidades. Eu toco guitarra desde a década de 1960, mas quanto mais você ouvir grandes músicos e trabalhar nas suas próprias variações, mais criativo você será com a sua música.

Wayne Shorter disse que quando ele compõe, ele improvisa de vagar; quando ele improvisa, ele compõe rapidamente. Esta é uma boa forma de pensar em variação de melodia: você apenas está compondo rapidamente.

Vamos olhar novamente para os quatro compassos originais da nossa peça e, em seguida, tocar algumas variações desta melodia. Perceba que, conforme eu vario a melodia, frequentemente toco diferentes vozes internas e ideias de linhas de baixo.

Exemplo 13e:

Exemplo 13f:

Exemplo 13g:

Às vezes, eu toco ideias diferentes simplesmente porque minhas variações melódicas me levaram a uma área diferente no braço da guitarra.

Por fim, veja abaixo um refrão completo da *Autumn Breeze*, onde eu vario toda a melodia conforme eu desejo, usando muitas abordagens diferentes nas vozes internas das melodias e linhas de baixo. Gravei esta execução de uma vez só, como se fosse meu primeiro solo depois de tocar a melodia escrita. Ela foi transcrita pelo Joseph, para servir como referência do meu estilo.

Boa sorte e divirta-se!

Martin Taylor MBE

Exemplo 13h:

Emin7
F#min7b5
B7b9
Emin7
Emin7
Amin7
D7
Gmaj7
Cmaj7
F#min7b5
B7b9
Emin7
A7b5
Dmin7
G7b5
F#min7b5
B7b9
Emin7
Emin7
Amin7